Energía y motivación

SERIE INTELIGENCIA EMOCIONAL DE HBR

Serie Inteligencia Emocional de HBR

Cómo ser más humano en el entorno profesional

Esta serie sobre inteligencia emocional, extraída de artículos de la *Harvard Business Review*, presenta textos cuidadosamente seleccionados sobre los aspectos humanos de la vida laboral y personal. Estas lecturas, estimulantes y prácticas, ayudan a conseguir el bienestar emocional en el trabajo.

Mindfulness
Resiliencia
Felicidad
Empatía
El auténtico liderazgo
Influencia y persuasión
Cómo tratar con gente difícil
Liderazgo (Leadership Presence)
Propósito, sentido y pasión
Autoconciencia
Focus
Saber escuchar
Confianza
Poder e influencia
IE Virtual
Energía y motivación

Otro libro sobre inteligencia emocional de la
Harvard Business Review:

Guía HBR: Inteligencia Emocional

Energía y motivación

SERIE INTELIGENCIA EMOCIONAL DE HBR

Reverté Management

Barcelona · México

Harvard Business Review Press

Boston, Massachusetts

Energía y motivación
Serie Inteligencia Emocional de HBR
Energy and Motivation
HBR Emotional Intelligence Series

Original work copyright © 2022 Harvard Business School Publishing Corporation
Published by arrangement with Harvard Business Review Press

© **Editorial Reverté, S. A., 2023**
Loreto 13-15, Local B. 08029 Barcelona – España
revertemanagement.com

Edición en papel
ISBN: 978-84-17963-71-2

Edición ebook
ISBN: 978-84-291-9732-7 (ePub)
ISBN: 978-84-291-9733-4 (PDF)

Editores: Ariela Rodríguez / Ramón Reverté
Coordinación editorial y maquetación: Patricia Reverté
Traducción: Irene Muñoz Serrulla
Revisión de textos: M.ª del Carmen García Fernández

Impreso en España – *Printed in Spain*
Depósito legal: B 2187-2023
Impresión: Liberdúplex
Barcelona – España

Contenidos

Contenidos

Contenidos

Energía y motivación

SERIE INTELIGENCIA EMOCIONAL DE HBR

1

El poder del progreso

Entrevista a Teresa Amabile,
por Sarah Green Carmichel

Teresa Amabile es profesora en la Harvard Business School y coautora de *El principio del progreso*. En esta entrevista —adaptada a partir de la que le hizo Sarah Green Carmichael, de HBR— explica la relevancia de las pequeñas victorias laborales.

Sarah Green Carmichael: *¿Qué es el principio de progreso?*

Teresa Amabile: Es el sorprendente impacto que ejerce el simple hecho de progresar en un trabajo significativo. Mi colaborador, Steven Kramer, y yo examinamos casi 12.000 agendas de gente que trabajaba en equipos implicados en proyectos creativos, para analizar su vida laboral personal. *Vida laboral personal* es la expresión que empleamos

3

para referirnos a las percepciones, emociones y motivaciones que experimentan las personas al responder y dar sentido a los acontecimientos de su jornada laboral.

Lo que descubrimos fue que, cuanto más positiva era esta vida laboral personal, mejor era el rendimiento de estas personas. Lo siguiente fue preguntarnos: si la vida laboral personal tiene tanto impacto en el rendimiento, entonces ¿qué da lugar a una buena vida laboral personal? Y descubrimos que lo que más estimula y satisface a la gente en su trabajo es progresar en lo que les resulta significativo. Y en eso consiste el principio del progreso.

Parece sencillo, pero creo que todo el mundo tiene días en los que siente que no progresa demasiado. Viéndolo así, ¿cuánto progreso es necesario para lograr esa sensación?

Bueno, en realidad, poco. Llamamos a esto «el poder de las pequeñas victorias». Por ejemplo, un programador informático estaba intentando localizar un error en un software, y el mero hecho de resolver ese pequeño problema le dio una vida laboral personal muy positiva ese día. Resolver ese fallo le reportó grandes emociones, una motivación muy poderosa y una percepción positiva de su entorno laboral. Porque arreglar algo no tiene, en apariencia, mucha importancia, pero nos dimos cuenta de que el 28 % de esos acontecimientos «menores» —los que se suponen triviales— tienen un fuerte impacto en la vida laboral personal de la gente que trabaja, tanto en un sentido positivo como, desafortunadamente, en un sentido negativo.

¿Qué ocurre cuando se impone el sentido negativo?

Lo cierto es que en todo tipo de eventos laborales lo negativo tiene más peso que lo positivo. El impacto negativo resultante de un contratiempo es dos o tres veces mayor que el positivo derivado de un avance o un logro. Por eso es tan importante evitar las pequeñas contrariedades del día a día capaces de perturbar el normal desarrollo de la actividad laboral.

Si quieres aprovechar el poder de estas pequeñas victorias y, con suerte, evitar algunos de los contratiempos, y te gustaría sentir que estás progresando más, ¿qué deberías hacer?

Hay muchas cosas que podemos hacer para tratar de aprovechar el principio del progreso. Lo más importarte es concentrarse. En las empresas, mucha gente trabaja sometida a una inmensa presión en términos de tiempo y de carga de trabajo. Y es muy fácil que esto se convierta en una «cinta de correr». Éste es el término al que recurrimos para describir cuando tenemos la sensación de estar corriendo todo el tiempo, sintiendo que haces malabares con un montón de pelotas que te llegan por todas partes, pero sin avanzar en lo verdaderamente importante, esa parte de tu trabajo en la que tienes que usar la parte creativa del cerebro y que, además, es aquella que tu empresa realmente necesita para ser líder en su campo.

Cada cual debería tratar de guardarse de 30 a 60 minutos al día en los que no haya exigencia alguna que le desborde, en los que pueda dedicarse al trabajo que considere más significativo para sí y crucial para la empresa. A veces eso implica llegar media hora antes que el resto, o marcharse media hora más tarde. A veces hay que irse a una cafetería o a una sala de juntas que esté libre para poder concentrarse.

Otra cosa que también puedes hacer es llevar un registro de esas pequeñas victorias cotidianas, lo cual puede resultar muy motivador.

TERESA AMABILE es profesora de la Fundación Baker en la Harvard Business School. En la actualidad, su investigación se centra en los aspectos psicológicos y sociales de la transición hacia la jubilación. **SARAH GREEN CARMICHEL** es editora y columnista de *Bloomberg Opinion* y exeditora ejecutiva de *Harvard Business Review*. Puedes seguirla en Twitter: @skgreen.

Adaptado de «The Power of Progress», en hbr.org, 9 de agosto de 2011.

2

Cómo gestionar el estrés oculto del trabajo emocional

Susan David

Aparte de Óscar el Gruñón de *Barrio Sésamo*, muy poca gente puede permitirse el lujo de ser ella misma en el trabajo, todo el tiempo. El resto de individuos estamos llamados a ejercer lo que los psicólogos denominan «trabajo emocional», es decir, el esfuerzo de mantener la compostura en nuestro entorno profesional cuando lo que hacemos no se corresponde con lo que sentimos. Por supuesto, también actuamos de ese mismo modo fuera de la oficina (esas conversaciones superficiales en el ascensor cuando lo único que sentimos es cansancio o mal humor), pero seguramente sea más relevante en el trabajo porque la mayoría de nosotros pasamos allí muchas horas a la semana, y porque nuestra imagen profesional —y nuestro sustento— dependen de ello.

Por ejemplo, tu jefe hace un comentario que pretende ser estimulante sobre «obtener más con menos», y tú sonríes y asientes, pero lo que te gustaría hacer en realidad poner patas arriba la mesa de la sala de reuniones. Una clienta te habla con condescendencia del mal servicio que dice haber recibido, y tú le respondes de forma cortés y solícita, aunque te molesta que te traten de ese modo. O puede que simplemente hayas dormido mal esa noche, pero te esfuerzas por mostrar grandes dosis de energía y optimismo, porque te han dicho —más veces de las que te habría gustado— que los «grandes» líderes aportan positividad e inspiración a su equipo.

El trabajo emocional es parte de casi cualquier empleo, y de la vida en general; solemos llamar a esto «ser educado», sin más. Sin embargo, el grado de implicación marca una diferencia significativa. Alguien puede «implicarse en profundidad» y mantener la conexión con sus valores y principios («Sí, mi clienta está siendo condescendiente, pero empatizo con ella y me preocupo por resolver su problema») o «implicarse solo de manera superficial» («Seré amable con ella, pero en el fondo me devora la furia»).

La investigación al respecto demuestra que la tendencia a desarrollar este último aspecto del trabajo emocional —la implicación superficial, en la que existe un alto nivel de incongruencia entre lo que se siente y lo que se muestra, ya sea fingiendo o reprimiendo las emociones— tiene un coste tanto para el individuo como para la organización. Las personas que experimentan con frecuencia el estrés de la implicación superficial son más propensas a la depresión, la ansiedad, la disminución del rendimiento laboral y el burnout o síndrome del trabajador quemado. Y esto también influye en los demás: los líderes que se implican de manera superficial en el trabajo tienden más a comportarse de manera abusiva con sus subordinados; por ejemplo, menospreciándolos e invadiendo su privacidad. Además, es bastante habitual que el estrés traspase los límites laborales y afecte a cuestiones familiares. En un estudio sobre el personal de un hotel que solía adoptar este tipo de postura superficial en el trabajo («Sí, señora, estaré encantado de traerle un albornoz»), se vio que sus cónyuges solían ver el trabajo de sus parejas como fuente de conflicto y deseaban que encontraran otro puesto, con la esperanza de que su relación fuera menos tensa.[1]

En determinados contextos se suele dar con mayor frecuencia la implicación superficial. Por ejemplo:

- Cuando existe cierta discordancia entre tu personalidad (como tu nivel de introversión o extroversión) y lo que se espera de ti en el desempeño de tus funciones.

- Si hay desajuste de valores porque lo que te piden que hagas no coincide con tus principios.

- En una cultura empresarial en la que se aprueban, o no, determinadas formas de expresar las emociones (lo que en psicología se llama «reglas de comportamiento»).

Es evidente que lo ideal sería un puesto para el que te adaptaras tan bien que tu conducta y tus sentimientos estuvieran siempre en perfecta armonía y no existiera la necesidad de comportarte de forma agotadoramente falsa todo el día. Sin embargo, en la vida real es más factible marcarse el objetivo de mantener la implicación superficial al mínimo y, a cambio, poner más énfasis en una implicación profunda, en la que el rol esté alineado con la manera de ser de cada cual. Suponiendo que encuentres sentido a tu trabajo y que no creas que estás en el lugar equivocado, te presento a continuación algunas actividades que puedes poner en práctica para reducir tu esfuerzo emocional y sentirte mejor en tu día a día en el trabajo.

Recuérdate por qué estás en ese puesto

Conectar con tu propósito más amplio —quizá estás adquiriendo habilidades imprescindibles para tu carrera; puede que tu trabajo sea aburrido, pero a cambio es estable: tu familia necesita un seguro médico y esa responsabilidad es clave para ti— te ayudará a sentir una mayor conexión con tu trabajo.

Explora el pensamiento «quiero hacerlo»

Es fácil caer en la mentalidad de «es hora de hacer los dónuts»*, pensando en que todo el trabajo es algo que «hay que hacer». Y la mayoría no contamos con los recursos económicos suficientes para que nuestro trabajo no sea, en realidad, algo estrictamente necesario. Pero si te das la oportunidad de apreciar los aspectos estimulantes de tu trabajo —cuando se hace una tormenta de ideas con el equipo o cuando se logra que los sistemas resulten más eficientes—, entonces se convertirá en algo que *eliges* hacer, no algo que *se te exige*. Para que quede más claro: no estoy sugiriendo que

---

* Juego de palabras intraducible. Hace referencia a un anuncio o una película donde el protagonista decía esa frase cada vez que tenía que levantarse de madrugada para hacer dónuts en Dunkin' Donuts; quiere decir que alguien tiene que hacerlos para que estén frescos cada mañana cuando abra el local. (Nota de la Traductora)

«solo pienses en positivo» o que intentes racionalizar todas tus preocupaciones; lo que quiero es que seas más consciente de las sutiles trampas del lenguaje, que provocan que incluso las tareas que podrías disfrutar parezcan una pesadez. Si no eres capaz de «querer hacer» ninguna de las tareas clave de tu trabajo, quizá sea una señal de que necesitas un cambio.

Haz un trabajo creativo

Plantéate si es posible tratar con tu jefe la opción de modificar tus funciones de modo que se ajusten mejor a tus preferencias y valores. Por ejemplo, si cuando visitas las delegaciones de tu empresa te estimula conocer a gente nueva y sus diferentes formas de hacer las cosas, tal vez puedas proponer un proyecto que incluya más visitas de este tipo. El objetivo es hacer que tu labor sea más interesante, para que te haga falta menos trabajo emocional.

Al pensar en el estrés laboral solemos considerar que sus principales causas son las presiones de tiempo, la sobrecarga de información o los cambios constantes; sin embargo, el trabajo emocional también puede ser una fuente muy significativa de estrés. De modo que vale la pena considerarlo y gestionarlo.

SUSAN DAVID ha sido fundadora del Instituto de Coaching Harvard/McLean, forma parte del cuerpo docente de la Facultad de Medicina de Harvard y es reconocida como una de las principales intelectuales del ámbito de la gestión a nivel internacional. Es autora del superventas *Agilidad emocional*, número uno en las listas del *Wall Street Journal*. Conferenciante y publicista muy demandada, ha trabajado con altos cargos de cientos de organizaciones de relevancia, como Naciones Unidas, Ernst & Young y el Foro Económico Mundial.

Nota

1. Morgan A. Kramnnitz *et al.*, «Workplaces Surface Acting and Marital Partner Discontent: Anxiety and Exhaustion Spillover Mechanisms», *Journal of Occupational Health Psychology*, 20, n.º 3 (2015), pp. 314-325.

Adaptado del contenido publicado en hbr.org
el 8 de septiembre de 2016 (producto #H034C1)

3

Cómo convencerte de que debes trabajar cuando, simplemente, no te apetece

Heidi Grant

Ahí tienes ese proyecto que has dejado aparcado, cuya fecha de entrega cada vez está más cerca. Y ahí está ese cliente al que deberías devolver la llamada, ese que no para de quejarse y consumir tu valioso tiempo. Pero espera... ¿no tenías la intención de ir al gimnasio más a menudo este año?

¿Te imaginas cómo disminuirían tu sentimiento de culpa, tu estrés y tu frustración si pudieras conseguir hacer lo que no quieres hacer cuando se supone que debes hacerlo? Por no hablar de hasta qué punto podrías llegar a ser más feliz y eficiente.

La buena noticia (y en serio que es muy buena) es que puedes mejorar tu capacidad para no procrastinar si adoptas la estrategia adecuada; y saber cuál es esa estrategia depende, en primer lugar, de conocer la razón por la que se procrastina. Algunos de los posibles motivos son:

N.º 1: miedo a meter la pata

Solución: adoptar un «enfoque de prevención»

Existen dos formas de afrontar cualquier tarea. Por una parte, puedes hacerla porque la entiendes como una mejora respecto a la situación presente, un logro o una recompensa. Por ejemplo: «Si culmino con éxito este proyecto, impresionaré a mi jefe»; o «Si hago ejercicio con regularidad, tendré un aspecto increíble». Los psicólogos llaman a esto **enfoque de promoción**, y diversos estudios han demostrado que esta estrategia funciona bien cuando te sientes motivado por la idea de obtener logros, además de que trabajas mejor, más ilusionado y optimista. Suena bien, ¿verdad? Bueno, pues si tienes miedo a meter la pata al abordar una tarea...

este *no* es el tipo de enfoque adecuado para ti. Y no lo es porque la ansiedad y la duda minan el impulso motivador, lo que hace que sea menos probable que actúes.

En este caso, lo que necesitas para enfrentar las tareas pendientes es adoptar un enfoque que *no* se vea perjudicado por la duda, sino que, en el mejor de los casos, se nutra de ella. De este modo, utilizando un **enfoque de prevención**, en lugar de pensar en cómo puedes obtener mejores resultados, el hecho de ejecutar esas tareas pendientes lo concibes como la mejor manera de mantener lo que ya tienes y evitar cualquier pérdida. Así, quienes adoptan este enfoque consideran que culminar con éxito un proyecto sirve para evitar que se enfaden con ellos sus superiores o que empeore la imagen que tienen de él o ella. Del mismo modo, hacer ejercicio con regularidad es una forma de no «abandonarse». Como describo en mi libro *Focus,* décadas de investigación demuestran que la ansiedad por lo que pueda salir mal impulsa, en la práctica, a actuar de forma preventiva. Cuando uno se centra en evitar posibles pérdidas, resulta evidente que la respuesta pasa por actuar de inmediato para descartar cualquier riesgo. Cuanto más preocupado estés, más rápido actuarás.

Sé que no es fácil verle a esto el lado divertido..., sobre todo si sueles ser más de esos que piensan en la promoción, pero tal vez no haya mejor manera de superar la ansiedad por meter la pata que plantearte las nefastas consecuencias... de no hacer nada. Así que adelante, asústate; es horrible, pero funciona.

N.º 2: no tienes ganas de hacerlo

Solución: hacer como Spock e ignorar tus sentimientos; se están interponiendo en tu camino

En su gran libro *El antídoto: felicidad para la gente que no soporta el pensamiento positivo*, Oliver Burkeman señala que, con frecuencia, al decir cosas como «soy incapaz de levantarme temprano» o «no puedo hacer ejercicio», lo que queremos decir es que no *tenemos ganas* de hacer esas cosas. Y es que, al fin y al cabo, nadie te ata a la cama cada mañana, ni hay amenazadores porteros que te bloqueen la entrada al gimnasio. Es decir, en el plano físico, nada te lo impide; es solo que no te apetece. Pero Burkeman lanza esta pregunta en su libro: «¿Quién dice que hay que esperar a tener "ganas" de hacer algo para empezar a hacerlo?».

Piénsalo bien, porque es crucial. Todo el mundo, alguna vez, ha creído —sin ser consciente de ello— que para contar con la suficiente motivación y ser eficaz hay que *sentir* que se quiere actuar; en otras palabras, que hay que tener ganas de hacer lo que sea que tengas que hacer. Pero, en realidad, no sé por qué nadie cree semejante cosa, porque es un sinsentido absoluto. Sí, en cierto modo hay que comprometerse con lo que se hace: desear ver el proyecto terminado, o sentirse más en forma, o conseguir madrugar más. Pero no hay por qué *tener ganas de hacerlo*.

De hecho, como señala el propio Burkeman, muchos artistas, escritores e investigadores bastante prolíficos han alcanzado el éxito, en parte, gracias a que han seguido rutinas que les obligaban a trabajar un cierto número de horas al día, sin importar lo poco inspirados que se sintieran (o, en muchos casos, lo resacosos que estuvieran). Este autor nos recuerda la observación del prestigioso artista Chuck Close: «La inspiración es para los aficionados. El resto de nosotros simplemente nos levantamos y nos ponemos a trabajar».

Así que, si estás posponiendo algo porque no te apetece hacerlo, recuerda que no *necesitas* que te apetezca. Una vez que empieces, nada te detendrá.

N.º 3: lo que tienes que hacer es difícil, aburrido o incluso desagradable

Solución: utilizar la fórmula de planificación «si..., entonces...»

Con demasiada frecuencia intentamos resolver un problema concreto a base de pura voluntad: *la próxima vez me obligaré* a *empezar antes* con esto. Por supuesto, si de verdad tuviéramos la fuerza de voluntad suficiente, nunca lo pospondríamos. Diversos estudios han demostrado que la gente suele sobrestimar su capacidad de autocontrol y confía en ella con demasiada frecuencia.

Pues no: hazte un favor y acepta que tu fuerza de voluntad es limitada. Es posible que no siempre estés a la altura del reto que supone hacer cosas difíciles, tediosas o desagradables. En esos casos, usa la fórmula de **planificación «si…, entonces…»** para abordar la tarea.

Diseñar un plan «si…, entonces…» implica ir más allá de concretar qué pasos dar para acabar un proyecto; también hay que decidir dónde y cuándo se darán esos pasos. Por ejemplo:

***Si** son las 2 de la tarde, **entonces** dejaré lo que esté haciendo y empezaré a trabajar en el informe que me pidió Bob. **Si** mi jefe no menciona mi petición de aumento de sueldo en la reunión, **entonces** volveré a plantearlo antes de que esta termine.*

Al decidir de antemano, y *con exactitud*, lo que se va a hacer —así como cuándo y dónde se hará—, no será necesario reflexionar más sobre ello llegado el momento. No habrá un *¿debo hacer esto ahora o puedo esperar hasta más tarde? ¿Tal vez debería hacer otra cosa?* Si lo haces, entonces necesitarás fuerza de voluntad para tomar esa dura decisión. Los planes «si..., entonces...», pues, reducen la exigencia de fuerza de voluntad, ya que garantizan haber tomado la decisión correcta mucho antes del instante crítico. De hecho, en más de 200 estudios se ha demostrado que la planificación «si..., entonces...» incrementa la tasa de consecución de objetivos y la productividad entre un 200 y un 300 %, por término medio.

Soy consciente de que las tres estrategias que propongo —pensar en las consecuencias del fracaso, ignorar tus sentimientos y llevar a cabo una planificación detallada— no suenan tan estimulantes como pudieran serlo consejos del tipo «¡Persigue tus sueños!» o «¡Positividad siempre!». En cambio, aportan una ventaja evidente: son *efectivas* de verdad, y tú también lo serás si las pones en práctica.

HEIDI GRANT es una psicóloga social que investiga, escribe y da charlas sobre la ciencia de la motivación. Es directora de Investigación y Desarrollo del Aprendizaje en Ernst & Young América. Su último libro se titula *Cómo lograr que la gente esté de su lado* (Harvard Business Review Press, 2018).* También es autora de *Nine things Successful People Do Differently* (Harvard Business Review Press, 2012)** y *No One Understands You and What to Do About It* (Harvard Business Review Press, 2015).

Reimpreso de hbr.org, publicado originalmente
el 14 de febrero de 2014 (producto #H00OF8)

---

* Edición en español de Taller de Éxito (2021). (N. de la T.)

** Publicado en español por Reverté Management con el título *Los 9 secretos de la gente exitosa.* (N. de la T.)

4

Cuatro formas de gestionar tu energía de manera más efectiva

Elizabeth Grace Saunders

Casi todo el mundo es capaz de hacer un pequeño esfuerzo: sea para causar una buena impresión en sus primeras semanas en una empresa, para apuntarse al gimnasio con toda la energía posible a principios de enero o para pasar un fin de semana haciendo reformas en casa con el entusiasmo de un presentador de la tele.

Pero ¿qué ocurre tras esa explosión inicial? ¿Sigues sintiéndote igual unos meses o incluso un año después de haber logrado tu nuevo trabajo, objetivo o proyecto? ¿Has renunciado a tus aspiraciones? ¿Sigues adelante mientras luchas contra los signos de la fatiga o del burnout? ¿O te sientes como una peonza, girando entre la hiperproductividad y el no hacer nada?

La clave del éxito en el trabajo y en la vida no es *empezar* a tope, sino *continuar* a tope. Y una de las claves de tal poder de continuidad es la autorregulación, que implica actuar siempre en el margen entre los límites inferiores y superiores de la actividad, prefijando la cantidad mínima y máxima de esfuerzo que dedicarás a un objetivo concreto en un determinado período (por ejemplo, un día o una semana). Así evitarás desviarte porque tu interés haya disminuido o lo hayas perdido por completo, o si el agobio o el agotamiento te impiden continuar.

Como coach de gestión del tiempo, he comprobado que existen cuatro pasos necesarios para generar esta persistencia. Si los sigues, te sorprenderá descubrir que cumplirás más objetivos con menos esfuerzo y que tu impulso será duradero.

Marcar los límites superiores e inferiores

La idea de fijar objetivos es muy popular —sobre todo a principios de año— pero no demasiada gente se toma la molestia de poner por escrito los pasos que va a dar para alcanzarlos. Y, desde mi punto de vista, todavía menos van más allá y definen los límites diarios (superiores e inferiores) de cada objetivo.

Greg McKeown, en su libro *Sin esfuerzo*, sugiere establecer límites concretos tanto para lo poco como para lo mucho que harás en un día determinado según tus prioridades; por ejemplo, para alcanzar las cifras de ventas esperadas puedes determinar que nunca harás menos de cinco llamadas comerciales ni más de diez en un día.

Este mismo esquema puedes aplicarlo a cualquier proyecto o meta que te plantees. Por ejemplo, a la hora de escribir un libro puedes decidir dedicarle no menos de treinta minutos y no más de tres horas diarias para evitar el burnout. O bien, en lo que se refiere al ejercicio, puedes plantearte entrenar un mínimo de tres veces a la semana y un máximo de cinco, de modo que sea suficiente para estar en forma, pero que también te quede tiempo para otras prioridades, como pasar tiempo en familia. (Para saber más sobre cómo invertir tu tiempo y energía, consulta el cuadro «Invierte tu energía»).

INVIERTE TU ENERGÍA

Peter Bregman

Todos sabemos lo que hay que hacer para acumular y conservar la energía: dormir las horas suficientes, comer bien, hacer ejercicio, etc. Pero ¿con qué frecuencia analizas el modo en que usas estratégicamente tu energía?

En mi caso la respuesta era: no mucha.

Cuando mantengo una conversación, casi siempre comparto mi punto de vista. De hecho, me gusta compartir mis pensamientos cuando estoy en medio de una conversación. Me implico en la toma de decisiones que otros podrían tomar igual de bien o incluso mejor que yo. Y cuando las tomo, a menudo lo hago de manera pausada, esforzándome por conseguir que sean perfectas incluso cuando no hay respuestas correctas.

Esos son sólo mis patrones *visibles* de gasto de energía. Pero existe toda una gama de patrones *invisibles* que agotan mi energía aún más, como el hecho de que me aferro a ciertas frustraciones y «heridas» mucho más allá de lo normal, y que me preocupo por el resultado de cosas sobre las que no tengo control.

Por tanto, una vez que decidí prestar atención, empecé a ver con qué descuido –y con qué descontrol– malgastaba mi energía.

Así que ahora, cuando *invierto* mi energía, lo hago escribiendo, escuchando, elaborando estrategias, enseñando, pensando, planificando, ofreciendo mi opinión de forma selectiva y consciente y tomando decisiones con agilidad.

Y no me refiero solo a la productividad; también invierto mi energía (y sin preocupación) en cosas que me hacen feliz: mis hijos, la lectura, las conversaciones interesantes con mis amistades y el aprendizaje de cosas nuevas por diversión, por citar solo algunas.

(continúa)

INVIERTE TU ENERGÍA

La clave es ser consciente de dónde se pone la energía para aplicarla a lo que más importa. Veamos cómo hacerlo:

1. *Observa tu energía.* ¿Dónde la gastas? En mi caso, programo mi móvil para que me avise en momentos aleatorios a lo largo del día y así darme cuenta de cómo estoy gastando la energía en ese instante, tanto de forma visible (haciendo) como invisible (pensando). Y te puedo asegurar que una vez que miras la vida con un filtro energético empiezas a ver las cosas de forma diferente. Este pequeño control de energía supuso para mí un gran cambio de hábitos.

2. *Descubre lo que te importa.* Saber lo que aporta valor a tu vida —en mi caso, la felicidad y la productividad— es esencial para tomar decisiones inteligentes acerca de dónde invertir tu energía.

3. *Planifica una inversión inteligente de energía.* Una vez que sepas qué cosas son fundamentales para ti, incluye el mayor número posible de ellas en tu vida. Anótalas en tu agenda sustituyendo a las actividades que conllevan pérdida de energía. Esta idea de «desplazar» también sirve para los pensamientos: ¿en qué deseas invertir tu energía mental? En mi caso, he descubierto que insistir en las cosas (o en las personas) que me molestan casi nunca es un modo útil de emplear energía. Pero pensar en lo que puedo aprender de algo sí lo es, en general. Así que deja que tu mente «aprendiz» desplace a la «quejica».

4. *Y lo que es más importante: planifica dónde no invertir tu energía.* Una vez que empieces a

(*continúa*)

INVIERTE TU ENERGÍA

tomar conciencia de ella, verás con claridad las cosas que haces y las formas de pensar que son pozos sin fondo de gasto de energía. Es sorprendente lo difícil que resulta dejar de hacer algo a mitad; resulta mucho menos doloroso decidir no empezarlo. Piensa en lo fácil que es *no encender* la tele en lugar de dejar de ver un programa a medias. Otro buen consejo en este sentido es que no te metas en una conversación que sabes que te va a irritar y no te llevará a ninguna parte.

5. *No pases demasiado tiempo pensando en «eso».* Optimizar el gasto de energía tal vez se convierta en sí mismo en un gasto de energía excesivo. No tienes que hacerlo «bien», solo mejor que ayer. Basta con que te salgas de una conversación inútil, con que dejes de responder a un correo electrónico estúpido,

con que apartes de tu mente un pensamiento molesto... Así invertirás de forma más inteligente tu energía.

Y recuerda que, a veces, la solución a un problema no consiste en hacer más, sino justo en hacer menos.

Peter Bregman es director general de Bregman Partners, una empresa de coaching empresarial que ayuda a las personas de éxito a convertirse en líderes excepcionales y seres humanos brillantes. Es autor de los superventas *18 Minutes* y *Leading with Emotional Courage*. Su último libro hasta el momento es *You Can Change Other People*.

Extraído de «5 Steps to Investing Your Energy More Wisely», en hbr.org, 8 de marzo de 2016 (producto #H02PK1)

Estos límites te otorgarán cierto margen de maniobra, pero también te permitirán mantener el ritmo con el tiempo. Una vez que los marques, piensa qué es lo mínimo que podrías hacer en un ámbito concreto para sentir que conservas tu energía. El objetivo del extremo inferior es no sentir que la has «perdido» del todo y necesitas un esfuerzo extra para romper la inercia y volver a empezar. Y respeto a los límites superiores, piensa dónde deberías ponerlos para que tu dedicación a esa actividad no reste tiempo a otras áreas de tu vida.

Conoce tu tendencia

Cuando te enfrentas a un objetivo, ¿tiendes a adoptar una marcha rápida e intentas permanecer en ella 24 horas al día, 7 días a la semana? ¿O adoptas una marcha lenta la mayor parte del tiempo y luego tienes que acelerar en el último minuto? ¿O más bien oscilas entre trabajar un día de manera compulsiva hasta altas horas de la noche y al día siguiente no hacer casi nada?

Dependiendo de tu tendencia, puedes proceder de una de las tres formas siguientes:

- Si estás en la primera categoría, la de marcha rápida, tendrás que darte permiso para ser más humano, descansar y disfrutar de períodos de inactividad. Vigila si estás sobrepasando tu límite superior de actividad y, por tanto, vas de cabeza al burnout.

- Si te encuentras en la segunda, la de marcha lenta, tendrás que prestar atención a si te mantienes o no por encima de tu límite inferior. Debes asegurarte de cumplir un mínimo antes de relajarte (por muy tentador que sea).

- Si perteneces a la tercera categoría, la que podríamos llamar «marcha fluctuante», deberás vigilar ambos límites: evita sobrepasar el superior y también quedarte por debajo del inferior al día siguiente.

Como señala —con mucho acierto— McKeown en su libro: «No hagas hoy más de lo que te permita estar recuperado por completo mañana».

Incorpora momentos de descanso y recuperación

Como humanos, estamos diseñados para alternar ciclos de actividad y descanso. Por eso dormimos por la noche, por eso los fines de semana son una parte esencial de una semana productiva de trabajo, y por eso ni los atletas de élite pueden estar entrenando cada hora que están despiertos.

Si eres una persona con mucho empuje, tendrás que hacerte más consciente de la necesidad de planificar momentos de descanso y recuperación. Yo misma tengo esta tendencia, así que me aseguro de que mi tiempo personal no se vea tan saturado como mi tiempo de trabajo. En mi caso, esto significa considerar mis horas libres no solo como destinadas a actividades personales, sino también al descanso. Por ejemplo, dos mañanas a la semana no me levanto a las 5:15 para nadar; me concedo tiempo para pensar, leer artículos interesantes o dormir hasta tarde.

También me reservo algunos fines de semana y noches para quedar con otras personas sin límite de tiempo, dejándome llevar y permitiendo que las cosas duren lo que tengan que durar.

Ahora bien, si trabajas con un nivel de actividad bajo, asegúrate de que al menos has alcanzado tu límite inferior antes de tomarte un descanso. Esto quiere decir que podrás descansar más, pero solo tras haber avanzado en la consecución de un objetivo.

Y si tu impulso fluctúa tendrás que recordarte que debes descansar y recuperarte también esos días en los que sientes que podrías estar a tope 24 horas seguidas; así no caerás en picado al día siguiente. Esto incluye medidas básicas como parar para comer, levantarte a hacer estiramientos o a caminar un poco, y no acostarte demasiado tarde, sin importar lo rebosante de energía que te sientas. Oblígate a interrumpir tu actividad a una hora razonable para irte a la cama, de modo que puedas arrancar con frescura al día siguiente.

Date un respiro

Para ser persistente hay que mantener el trabajo dentro de unos límites sostenibles, y trabajar a un ritmo sostenible. Sí, ciertos días será necesario asistir a varias reuniones consecutivas o ir de una tarea a otra sin posibilidad de descansar. Pero para la mayoría de la gente esta estrategia no es viable a largo plazo.

Te animo a que, en la medida de lo posible, te reserves al menos unas horas al día o a la semana sin reuniones. O, mejor aún, si eres capaz de bloquear intervalos más amplios para abordar proyectos de mayor envergadura, podrás sumergirte de verdad en el trabajo sin la presión de un margen demasiado ajustado. En mi caso, es lo que hago los miércoles, que es mi día «libre de llamadas de coaching». Eso me permite centrarme en proyectos concretos, como escribir este artículo. Bloqueo mis miércoles como «día de proyectos» para que nadie pueda programarme reuniones. Y si trabajo desde casa o en un lugar privado cuando tengo que abordar tareas que requieren mayor concentración, suele ser más fácil que no me interrumpan.

La vida no es un sprint, sino un viaje. Y para mantener el rendimiento, la salud y la felicidad a unos niveles altos, dentro y fuera del trabajo, necesitas capacidad de aguante. Observa con atención cómo trabajas y sigue estos consejos para asegurarte de que lo haces de forma eficaz, productiva y dentro de tus límites.

ELIZABETH GRACE SAUNDERS es coach de gestión del tiempo y fundadora de Real Life E Time Coaching & Speaking. Es autora de *How to Invest Your Time Like Money* y *Divine Time Management*. Puedes encontrar más información sobre ella en www.RealLifeE.com.

Adaptado del contenido publicado en hbr.org
el 14 de mayo de 2021 (producto #H06CNV)

5

Cuando tu motivación decaiga, céntrate en los resultados

Elizabeth Grace Saunders

Por mucha motivación que tengas, seguro que de vez en cuando te enfrentas a ciertas tareas que no quieres hacer. Tal vez las consideres aburridas, no les veas la lógica, sean agotadoras, requieran mucho tiempo, sean fastidiosas o te generen ansiedad. Pero, entonces, ¿cómo es posible afrontar este tipo de situaciones?

Encuentra tu razón

El primer paso es reconocer que estar motivado no implica experimentar un sentimiento particular, como el entusiasmo o la expectativa. En cambio, la motivación es simplemente una o varias razones que tienes para actuar de una manera concreta. Puedes decidirte a hacer algo sin emocionarte nunca por ello, solo hallando una *razón* significativa desde el punto de vista personal.

Por ejemplo, quizá decidas hacer algo porque:

- Te aliviará la ansiedad

- Será beneficioso para alguien que te importa

- Te generará ganancias económicas

- Evitarás una consecuencia negativa

- Te hará sentirte bien contigo

- Te despejará la mente

- Se ajusta a tus valores

- Reducirá tu estrés

A continuación te presento algunos ejemplos de cómo pueden sonar estas razones en tu día a día:

«No quiero hacer _____, pero si hago _____ obtendré una recompensa económica significativa, ahora y en el futuro, y me sentiré bien con mis decisiones».

«No quiero hacer _____, pero si consigo hacer _____ mi jefe estará contento y no tendré tanta ansiedad cada vez que nos reunamos».

«No quiero hacer _____, pero si avanzo en _____ la semana que viene tendré mucho menos estrés y estaré preparada para _____».

En definitiva, aunque una tarea no nos resulte especialmente motivadora, podemos encontrar una razón para seguir adelante si consideramos los resultados más allá de la mera tarea.

Desarrolla una estrategia

El segundo paso para el éxito consiste en idear una estrategia para abordar las tareas cuando el impulso emocional sea bajo o nulo. En función de la tarea y de tu estilo de trabajo, una o varias de las estrategias que te voy a presentar podrían ayudarte. Puedes considerar estos métodos como herramientas que puedes utilizar cuando tengas motivos suficientes para emprender una tarea, pero aún no sepas cómo hacerla.

Uno de estos métodos se basa en involucrar a otras personas en el proceso. Esta «presión social positiva» quizá te proporcione el impulso necesario para hacer «algo»; y ese algo puede consistir en delegar parte de la tarea, formar equipo con otra persona para abordarla juntos, asumir la responsabilidad o, simplemente, notar la compañía de otras personas que también están trabajando. En cuanto al último punto, para algunos de mis clientes de coaching en gestión del tiempo esto se traduce a veces simplemente en sentarse en una biblioteca junto a otras personas que también trabajan, o en asistir a una sesión virtual para una determinada actividad mientras alguien que conocen está en la videollamada, también trabajando.

Otra serie de métodos para pasar a la acción tienen que ver con la forma de estructurar el enfoque del trabajo. Este tipo de estrategias, cada una ilustrada con un ejemplo, te ayudarán a tomar el impulso necesario para avanzar:

- Anteponer una actividad de «baja frecuencia» por delante de otra de alta frecuencia. Por ejemplo: «No miraré el correo electrónico hasta que no haya terminado el informe de gastos».

- Dedicarte un tiempo determinado. En mi caso, bloqueo mi agenda todos los viernes, de 14 a 15 horas, para hacer mi planificación semanal, y considero ese tiempo sagrado.

- Limitar el compromiso de tiempo. Por ejemplo: «Necesito trabajar 10 minutos al día en esta tarea, y luego, si quiero, puedo cambiar de actividad».

- Ponerte el listón bajo: «Solo necesito avanzar un paso cada semana en esta tarea».

- Hacerlo: «Quiero quitarme esto de encima, así que me reservaré un día entero para terminarlo».

Combina lo desagradable con algo agradable

Un tercer grupo de métodos consiste en combinar actividades desagradables con otras placenteras para compensar. Así, puedes concederte abordar una tarea difícil —como redactar un informe o preparar una presentación— en un lugar que te guste mucho, como una acogedora cafetería o incluso un parque, si hace buen tiempo. También puedes intentar combinar tareas, como escuchar música o un podcast mientras ordenas tu despacho o tu mesa. Incluso un poco de actividad física durante el proceso servirá de ayuda. Yo soy famosa por preparar discursos mientras camino. Puede parecer un poco raro, pero consigo hacer esas dos actividades a la vez.

Si empleas una o varias de estas estrategias es posible que no consigas un avance rápido ni que alcances la perfección; pero, a cambio, abordarás tus tareas sin prisa pero sin pausa, y asumirás hacer las cosas que no quieres hacer.

ELIZABETH GRACE SAUNDERS es coach de gestión del tiempo y fundadora de Real Life E Time Coaching & Speaking. Es autora de *How to Invest Your Time Like Money* y *Divine Time Management*. Puedes encontrar más información sobre ella en www.RealLifeE.com.

Adaptado de «How to Motivate Yourself to Do Things You Don't Want to Do», en hbr.org, 21 de diciembre de 2018 (producto #H04PCV)

6

Minimiza el burnout mediante el hábito de la compasión

Annie McKee y Kandi Wiens

«Estoy harta de las situaciones ridículas que tengo que afrontar en el trabajo. La mezquindad, la política, la estupidez... todo está fuera de control. Este tipo de cosas me estresa mucho».

Pues sí, el burnout o estrés laboral es uno de los principales asesinos de la felicidad. Y la vida es demasiado corta para ser infeliz en el trabajo. Pero escuchamos este tipo de comentarios, todo el tiempo, en boca de líderes de sectores tan dispares como los servicios financieros, la educación, las farmacéuticas y la sanidad. En nuestra labor de coaching y consultoría estamos siendo testigos de un incremento en el número de líderes que antes amaban su trabajo, pero que ahora dicen cosas como: «Ya no sé si vale la pena». Están quemados, emocionalmente agotados, y desconfían, todo ello como resultado del estrés laboral crónico.

Pero ¿por qué aumenta el estrés? En realidad, tiene mucho que ver con la incertidumbre existente en el mundo y con los constantes cambios que se producen en nuestras organizaciones. Mucha gente trabaja en exceso, dedicando más horas que nunca; los límites entre el trabajo y la vida personal se han difuminado o incluso han desaparecido. A esto se suman los persistentes (a veces tóxicos) conflictos con jefes y colegas, que nos hacen estar a la defensiva y siempre irritables. En estas circunstancias, como es lógico, el rendimiento y el bienestar se resienten. El trabajo se siente como una carga. El burnout se hace patente y la felicidad en el ámbito laboral no es ni siquiera una posibilidad remota.

La buena noticia es que algunas personas *no* se agotan. Al contrario, siguen avanzando a pesar de sus difíciles condiciones laborales.

Y ¿por qué? Parte de la respuesta reside en la empatía, un tipo de inteligencia emocional repleta de poderes para calmar el estrés. La empatía es algo así como «compasión en acción». Cuando demuestras empatía, te preocupas por comprender las necesidades, los deseos y los puntos de vista de los demás. En otras palabras, sientes y expresas un auténtico interés por el bienestar de alguien, y luego *actúas en consecuencia.*

Uno de nuestros estudios —en concreto, la investigación de Kandi sobre los directivos sanitarios— así lo confirma.[1] Al preguntar a sus participantes cómo afrontaban el burnout laboral crónico y agudo, el 91 % afirmó que mostrar empatía les permitía dejar de centrarse en sí mismos y conectar con otras personas a un nivel mucho más profundo. Otros investigadores están de acuerdo: la empatía produce efectos fisiológicos que nos calman en el momento y también a largo plazo;[2] porque hace reaccionar al sistema nervioso parasimpático (el bueno) y revierte los efectos de la respuesta al estrés provocada por el sistema nervioso simpático (el malo). Así que no solo los demás se benefician de la empatía: la propia persona empática también.

Así, basándonos en nuestra investigación (la de Annie con líderes de empresas internacionales y la de Kandi con personal directivo del sector sanitario), ofrecemos una estrategia en dos partes que ayuda a liberar la empatía y a romper el ciclo del burnout. En primer lugar, tienes que practicar la autocompasión. A partir de ahí serás capaz de modificar algunas de tus formas habituales de tratar con la gente para que tú —y esas otras personas— podáis beneficiaros de la empatía.

Practica la autocompasión

Si pretendes lidiar con el estrés, deja de actuar en plan héroe y empieza a cuidarte. La autocompasión implica: (1) tratar de *comprenderte* a ti mismo, así como entender lo que estás experimentando emocional, física e intelectualmente en el trabajo; (2) *cuidarte*, no dejar de escucharte; y (3) *actuar* para ayudarte a ti mismo. He aquí dos formas de practicar la autocompasión:

- *Frena el impulso de trabajar en exceso.* Cuando hay presión en el entorno laboral, a veces sentimos la tentación de trabajar más horas para «estar al día», pero eso es una trampa, no una solución. Hacer más —y más, y más, y más— rara vez soluciona los problemas; al contrario, suele empeorar la situación, porque en esencia lo que hacemos es fabricarnos más estrés. Cerramos la puerta a la gente y a los problemas pensando que, si escapamos de todo ello, al menos podremos hacer nuestro trabajo al margen de dramas ajenos. Y luego, cuando nada cambia o, incluso, empeora, nos rendimos. Es, pues, un círculo vicioso: el exceso de trabajo lleva a más estrés, lo que conduce al aislamiento y nos hace rendirnos, lo que a su vez genera más estrés. Así que, en lugar de trabajar más horas cuando tengas mucho estrés, busca formas de renovarte: haz ejercicio, practica el mindfulness, pasa más tiempo con tus seres queridos y (nos atrevemos a recomendarte) duerme más.

- *Deja de castigarte.* El estrés es, con frecuencia, el resultado de ser demasiado exigentes con nosotros mismos cuando fallamos o no cumplimos con nuestras expectativas. Nos olvidamos de tratarnos como seres humanos que viven, respiran y sienten. Por tanto, en vez de dejar que la autocrítica te estrese, reconoce cómo te sientes y que otras personas se sentirán igual que tú en la misma situación; sé amable y perdónate. El cambio de mentalidad de la *amenaza* a la *autocompasión* reforzará tu resiliencia.

Regala empatía

Adoptar una actitud de autocompasión te preparará en el plano emocional para acercarte a los demás; pero seamos sinceros: la empatía no es la norma en la mayoría de las empresas. De hecho, la falta de empatía e incluso la despersonalización del prójimo son síntomas del desgaste emocional que conlleva el burnout.

A continuación, te presentamos algunos consejos para lograr que la empatía llegue a ser parte de tu forma habitual de tratar con otras personas en el trabajo:

- *Traba amistad con algunos de tus colegas.*
  La mayoría de la gente es capaz de enumerar unas cuantas razones por las que *no* hay que hacer amigos en el trabajo. Bien, pues nosotras creemos lo contrario: la amistad en el entorno laboral es fundamental. Según el Harvard Grant Study (uno de los estudios longitudinales más extensos sobre el desarrollo humano), estas relaciones son esenciales para la salud, el bienestar y la felicidad.[3] Otras investigaciones han demostrado que cuidar y sentirse cuidado por los demás baja la tensión arterial, beneficia al sistema inmune y da lugar a un mejor estado de salud general.

- *Valora a las personas por lo que son en realidad.* Las «situaciones ridículas» mencionadas por la líder a la que citamos al principio son muchas veces fruto de la falta de comunicación y de los malentendidos. En lugar de escuchar de verdad, oímos lo que queremos, y eso se ve influido por prejuicios y estereotipos y, a su vez, obstaculiza nuestra capacidad de entender y conectar con los demás. Por tanto, los conflictos resultantes de todo ello causan un estrés innecesario. Si quieres evitarlo, muestra interés por la gente. Pregúntate: «¿Cómo podría llegar a entender el punto de vista de esta persona?». Escucha con la mente abierta para ganarte su confianza; bajará tu nivel de estrés e incrementará tu capacidad de influencia sobre otras personas.

- *Forma a tus colegas.* Según los trabajos empíricos de Richard Boyatzis, Melvin Smith y ʿAlim Beveridge, asesorar a otras personas tiene efectos psicofisiológicos positivos que restauran los procesos naturales de curación y crecimiento y mejoran la resistencia.[4] Y es que cuando nos preocupamos lo suficiente por los demás como para invertir tiempo en su desarrollo, como consecuencia nos obsesionamos menos con nosotros mismos, lo que compensa los efectos tóxicos del estrés y el burnout.

- *Pon a tus usuarios, clientes o pacientes en el centro de las conversaciones.* Si los desajustes con los objetivos de tus compañeros de trabajo son una fuente de estrés, intenta trasladar (literalmente) tus conversaciones a un lugar donde puedas poner las necesidades de los demás en el centro. Por ejemplo, un jefe médico que participó en el estudio de Kandi describió una intensa y estresante discusión con dos colegas suyos sobre el plan de tratamiento de una paciente con cáncer terminal. Estaban en una sala de juntas, debatiendo y debatiendo, sin avanzar ni tomar ninguna decisión. Entonces, al ver que la actitud profesional de todos se iba diluyendo y que los niveles de estrés aumentaban, nuestro protagonista decidió trasladar la conversación a la habitación de la paciente. Se sentó a un lado de su cama y le agarró la mano. Sus compañeros tomaron asiento al otro lado y sostuvieron su otra mano. Entonces retomaron la conversación, pero en esta ocasión, *de forma literal*, con la paciente en el centro. Como señaló el jefe médico: «Aquella charla adquirió un tono muy diferente cuando pudimos volver a centrarnos. Todos estábamos tranquilos. Al mismo nivel. Conectados. Fue un antídoto muy eficaz contra el estrés».

Ahora nos gustaría hacerte una advertencia sobre la empatía y la compasión: pueden ser fuerzas poderosas en la lucha contra el estrés... hasta que dejan de serlo. Porque preocuparse demasiado también es perjudicial; exagerar la empatía tal vez haga mella en los recursos emocionales y genere «fatiga por compasión», un fenómeno que se produce cuando los sentimientos empáticos se convierten en una carga y provocan aún más estrés. Así que presta atención a tus límites y desarrolla estrategias para frenar el exceso de empatía si ves que escapa a tu control.

Aun así, el riesgo merece la pena. Una vez que te comprometes a preocuparte por ti mismo, también empezarás a preocuparte por los demás. Y, en el proceso, ten por seguro que forjarás relaciones sólidas, que serán positivas para ti y para las personas con las que trabajas.

ANNIE MCKEE es investigadora sénior en la Escuela de Posgrado de Educación de la Universidad de Pensilvania, y directora del Programa de Doctorado Ejecutivo PennCLO. Es autora de *How to Be Happy at Work* (Harvard Business Review Press, 2017) y coautora de *Primal Leadership* (Harvard Business Review Press, 2016), *Resonant Leadership* (Harvard Business Review Press, 2005) y *Becoming a Resonant Leader* (Harvard Business Review Press, 2008). KANDI WIENS es investigadora sénior de la Escuela de Posgrado de Educación de la Universidad de Pensilvania, donde codirige el Máster en Educación Médica. También ejerce la docencia en varios programas de formación para personal directivo de Wharton y en el programa de doctorado empresarial PennCLO, y es coach de ejecutivos y conferenciante en el ámbito nacional.

Notas

1. Kandi J. Wiens, «Leading Through Burnout: The Influence of Emotional Intelligence on the Ability of Executive Level Physician Leaders to Cope with Occupational Stress and Burnout» (tesis doctoral, Universidad de Pensilvania, 2016).

2. Kathryn Birnie, Michael Speca y Linda E. Carlson, «Exploring Self-Compassion and Empathy in the Context of Mindfulness-Based Stress Reduction (MBSR)», *Stress and Health* 26 (noviembre de 2010): 359-371: https://self-compassion.org/wp-content/uploads/publications/MBSR-Exploring_self-compassion_empathy_in_the_Context_of_mindfulness_based_stress_reduction.pdf; Helen Riess, «The Power of Empathy» («El poder de la empatía»), TEDxMiddlebury, 12 de diciembre de 2013:https://www.youtube.com/watch?v=baHrcC8B4WM; Richard J. Davidson, «Toward a Biology of Positive Affect and Compassion», en *Visions of Compasion: Western Scientists and Tibetan Buddhists Examine Human Nature*, eds. Richard J. Davidson y Anne Harrington (Nueva York: Oxford University Press, 2001).

3. Robert Waldinger, «¿Qué hace una buena vida? Lecciones del estudio más largo sobre la felicidad», TEDxBeaconStreet, noviembre de 2015: https://www.ted.com/ talks/ Robert_waldinger_what_makes_a_good_life_lessons_from_the_longest_study_on_happiness

4. Richard E. Boyatzis, Melvin L. Smith y 'Alim J. Beveridge, «Coaching with Compassion: Inspiring Health,
Well-Being, and Development in Organizations», *Journal
of Applied Behavioral Science* 49, n.º 2 (junio de 2013):
153-178.

Adaptado de «Prevent Burnout by Making Compassion a Habit»,
en hbr.org, 11 de mayo de 2017 (producto #H03NLJ)

7

Cuanta más energía transmitas a tus colegas, mejor será el rendimiento general

Wayne Baker

¿De cuánta energía dispones en el trabajo? ¿Te sientes a tope de vitalidad y capacidad de compromiso, o más bien en un estado de depresión y desconexión? En cualquier caso, la razón pueden ser tus compañeros de trabajo, que te están contagiando su energía, ya sea positiva o negativa.

Este «contagio» de energía a través de las interacciones se conoce como «energía relacional», y afecta al rendimiento en el trabajo. Al menos es la conclusión que sacamos mis colegas —Bradley Owens, Dana Sumpter y Kim Cameron— y yo.[1] Llevar a cabo esta investigación nos motivó en especial porque la energía es un recurso personal y organizativo vital, pero la investigación sobre las fuentes de energía ha descuidado una fuente que todo el mundo experimenta en el día a día: las relaciones con otras personas. Así, en una serie de cuatro estudios empíricos intentamos establecer la energía relacional como un constructo científico y evaluar su impacto sobre el compromiso de los trabajadores y su rendimiento laboral.

Para entender cómo funciona, piensa en la gente de tu empresa que te alienta o te levanta el ánimo. ¿Qué hacen? ¿Qué dicen esas personas? Hay gente que es energética porque desprende vibraciones positivas. Por ejemplo, un trabajador de una gran empresa nos habló así sobre su jefa: «Me llenaba de energía porque le encantaba su trabajo y, en general, era una persona muy feliz. Siempre llegaba a la oficina con una sonrisa en la cara, lo que generaba un ambiente positivo». También hay otras personas que nos llenan de energía porque establecen conexiones auténticas. En una conversación, por ejemplo, ponen toda su atención y escuchan al resto.

Por lo tanto, si tu superior te aporta energía, lo más probable es que sientas un fuerte compromiso con tu trabajo. Al examinar la energía relacional entre los directivos y el resto del personal de una gran organización sanitaria, mi equipo y yo descubrimos que el hecho de experimentar el vigor que transmite la energía relacional de un directivo incrementa la motivación en el trabajo, la atención a las tareas y la capacidad de concentración. Y esto se traduce en un mayor rendimiento laboral. Los trabajadores de esa empresa sanitaria que experimentaron energía relacional con sus líderes estaban más comprometidos con su labor, lo que condujo a un incremento en la productividad.

Las interacciones son energizantes de varias maneras, como concluimos Rob Cross, Andrew Parker y yo gracias a una serie de estudios sobre esta cuestión.[2] Entre ellas podemos mencionar las ocasiones en las que aportamos una visión positiva, la contribución significativa a una conversación, el que la gente esté presente y atenta, y las interacciones que nos dan una sensación de progreso y confianza.

Somos al mismo tiempo fuente y receptores de energía relacional. Así, cuando generas energía relacional en el trabajo, tu rendimiento también aumenta. Rob Cross y yo descubrimos este dato en un estudio sobre el «mapeo de la energía», utilizando para ello el análisis de redes organizacionales.[3] A cuanta más gente aportes energía y entusiasmo, mayor será el rendimiento laboral. Esto ocurre porque los demás querrán estar cerca de ti; atraes el talento, y es más probable que los demás quieran dedicar parte de su tiempo a participar en tus proyectos. En otras palabras: te presentarán a ti primero las ideas novedosas, la información y las oportunidades.

Por supuesto, lo contrario también ocurre: si restas energía a los demás, no se esforzarán en trabajar contigo o en ayudarte. En el peor de los casos, incluso, podrían sabotearte en el trabajo.

Llegados a este punto, ¿qué puedes hacer para incrementar la energía relacional en tu empresa? A continuación te ofrezco cuatro acciones que puedes llevar a cabo como líder.

Generar conexiones de calidad

Por definición, las conexiones de calidad producen energía relacional. Jane Dutton y Emily Heaphy sugieren varias formas de favorecer y potenciar esas conexiones; por ejemplo, asumir un reto profesional con un grupo de personas que tengan ideas afines.[4] En un estudio de caso, dos ejecutivos de Kelly Services —una empresa de recursos humanos— formaron un grupo de recursos empresariales para promover el liderazgo y aumentar el compromiso de sus trabajadores. Como describen Dutton y Heaphy, estos líderes se centraron en establecer conexiones de calidad y en potenciar las relaciones sociales como acciones para mejorar el proceso de liderazgo.

Organizar eventos «energizantes»

Planifica y lleva a cabo actos centrados explícitamente en la generación de energía, y no solo en la oferta de contenidos, productos o servicios. Piensa, por ejemplo, en Zingerman's —un reconocido consorcio de empresas del sector de la alimentación de Ann Arbor (Michigan)—: ellos inyectan energía en todos sus seminarios y eventos. Suelo llevar a grupos de ejecutivos a su restaurante, el Roadhouse; después de la cena, su director general y cofundador, Ari Weinzweig, o alguno de sus socios presenta un tema concreto, como la visión de su empresa, su gestión «de libro abierto»* o las «leyes naturales» que rigen en la compañía. Tanto el contenido como la presentación son fantásticos y energizantes en sí mismos, pero el listón sube aún más cuando un grupo de trabajadores del departamento de atención al público entra en la sala y empieza a formular preguntas. La cúpula directiva puede responder a cualquier cosa, pero eso no es lo fundamental; lo básico es la energía que desprenden. Son positivos, entusiastas y, sin lugar a dudas, aman su trabajo y a su compañía.

---

* Se trata de un tipo de gestión que da autonomía a los trabajadores. (N. de la T.)

Mis ejecutivos salen siempre del evento llenos de energía, porque es muy contagiosa.

Usar herramientas que promuevan la cultura del «dar»

Ayudar a alguien en el trabajo genera energía en forma de emociones positivas —la «cálida sensación» de ayudar. Por otra parte, recibir ayuda produce una corriente de energía en forma de gratitud; la gratitud por la ayuda recibida anima a devolverla de forma recíproca, como comprobamos Nat Bulkley y yo en un estudio a gran escala.[5] El llamado «círculo de reciprocidad», una dinámica grupal cuyo propósito es dar y recibir ayuda —y que fue ideado por mi esposa y directora general de Humax, Cheryl Baker—, mejora el comportamiento y la energía de los participantes. En un estudio piloto que llevamos a cabo Adam Grant y yo, descubrimos que la participación en ese ejercicio incrementa las emociones positivas y disminuye las negativas.

Mapear la energía relacional

Las encuestas sobre redes organizacionales mapean la estructura invisible que hay detrás del organigrama de una empresa; es decir, la forma real en que interactúan las personas. Hace algunos años, Rob Cross y yo empezamos a añadir una pregunta relativa a la energía a la lista habitual de cuestiones sobre la red que incluíamos en nuestras investigaciones y en nuestros estudios de consultoría empresarial. Presentábamos a cada persona encuestada una lista de nombres de colegas suyos y le planteábamos lo siguiente: «Cuando interactúas con cada una de estas personas, ¿cómo afecta a tu energía?». Las respuestas podían ir desde «es muy energizante» hasta «es neutral» y «es muy debilitante». Los resultados nos permitieron trazar el mapa energético relacional de cada empresa. Y lo que obtuvimos fue bastante revelador. Por ejemplo, en cierta gran empresa petroquímica detectamos muchas relaciones debilitantes, y la mayoría de ellas provenían de la directiva. Así, gracias a este mapa orientativo, pudieron identificar dónde necesitaban aplicar mejoras. Los mapas de energía ayudan a determinar dónde es preciso centrarse para establecer conexiones de alta calidad, a crear eventos energizantes y a utilizar herramientas que fomenten una cultura de generosidad que aporte energía.

De modo que, si sientes que estás viviendo una crisis de energía en tu empresa, la buena noticia es que puedes hacer algo al respecto, y puedes hacerlo centrándote en la energía relacional, la que recibes y das en tus interacciones cotidianas. Cada acción y cada palabra, por insignificante que sea, es clave para incrementar el rendimiento y la productividad.

WAYNE BAKER es profesor Robert P. Thomas de Administración de Empresas en la Escuela de Negocios Ross de la Universidad de Michigan y miembro del Centro de Organizaciones Positivas. Su investigación acerca de la reciprocidad, el capital social y los estudios sobre empresas positivas está disponible en www.waynebaker.org.

Notas

1. Bradley P. Owens *et al.*, «Relational Energy at Work: Implications for Job Engagement and Job Performance», *Journal of Applied Psychology* 101, n.º 1 (2016): 35-49.
2. Rob Cross, Wayne Baker y Andrew Parker, «What Creates Energy in Organizations?». *MIT Sloan Management Review*, 15 de julio de 2003.
3. «How to Energize Colleagues», Harvard Management Update, 28 de febrero de 2008: https://hbr.org/2008/02/how-to-energize-colleagues-1
4. Jane E. Dutton y Emily D. Heaphy, «We Learn More When We Learn Together», hbr.org, 12 de enero de 2016: https://hbr.org/2016/01/we-learn-more-when-we-learn-together
5. Gretchen Gavett, «The Paying-It-Forward Payoff», hbr.org, 30 de junio de 2014: https://hbr.org/2014/06/the-paying-it-forward-payoff

Adaptado del contenido publicado en hbr.org
el 15 de septiembre de 2016 (producto #H034TD)

8

De qué manera las ejecutivas pueden renovar su energía mental

Merete Wedell-Wedellsborg

Para las mujeres con ambiciones de liderazgo no suelen faltar consejos sobre cómo llegar a la cima. Aprendiendo a ser firmes, a hablar, a negociar, a delegar y muchos otros comportamientos, las mujeres de todo el mundo están rompiendo al fin el techo de cristal en sus empresas y llegando a puestos directivos, o casi.

Pero ¿qué ocurre *después* de la promoción? Aunque los altos cargos son difíciles de asumir para cualquiera, la transición a la alta dirección conlleva retos adicionales para las mujeres. Estos pueden ser psicológicos, relacionados con las diferencias de género a la hora de asumir riesgos y también de autoconfianza. Otros pueden ser estructurales, como la crianza de los hijos. Y es que los cuidados y las tareas domésticas siguen recayendo de forma desproporcionada en la población femenina. Y, aunque estas barreras afectan a las mujeres en todos los niveles de la organización, son más graves, si cabe, en esa olla a presión que es la cúpula directiva, lo que deja a las mujeres en clara situación de desventaja.

En realidad, estoy muy familiarizada con esta circunstancia. Soy psicóloga organizacional y cuento con un doctorado en Economía Empresarial. Durante más de veinte años he trabajado como coach empresarial para cientos de mujeres líderes, muchas de las cuales desarrollaban su labor en entornos dominados por hombres, como la banca, el ejército y la policía. Y mi trabajo me ha proporcionado algunas ideas sobre cómo pueden incrementar sus posibilidades de éxito las líderes una vez que han llegado a lo más alto.

La clave es la gestión de la energía mental: cómo adquirirla, conservarla y no agotarla. Las tres tácticas que mis clientas han empleado para tener éxito en el contexto particular de un trabajo de alto nivel son:

conocer tus potenciadores, encontrar un aliado en el trabajo y reducir tus niveles de ansiedad.

Conoce tus potenciadores psicológicos

Nos guste o no, en todas las empresas (salvo en las más evolucionadas), el equilibrio entre la vida laboral y la personal estando en la cima es una utopía. Como me dijo una vez Alexandra, socia de un fondo de cobertura estadounidense: «Si quieres equilibrio, hazte instructora de yoga nidra». Otro equipo directivo con el que trabajé tenía por lema «Cumplir o morir»; no hay duda de qué lugar ocupaba el «tiempo para mí» en la lista de prioridades de dicho equipo. Dada esta cruda realidad, combinada con las cargas domésticas adicionales que se imponen a muchas mujeres, ¿cómo se las arreglan las directivas para recargar las pilas?

Parte de la respuesta la hallamos en el hecho de comprender que no todas las fuentes de energía son iguales. En concreto, algunas actividades son lo que yo llamo «potenciadores psicológicos», es decir, producen un impulso energético mucho mayor que otras. La naturaleza de estos potenciadores varía de persona a persona —enseguida pondré algunos ejemplos de esto—, pero lo que tienen en común las mujeres de más éxito con las que he trabajado es que han descubierto cuáles son los suyos y se han asegurado de aprovecharlos al máximo.

Cuando busques tus potenciadores, ten en cuenta dos cosas: en primer lugar, olvida lo que se supone que las mujeres deben o no deben hacer para obtener energía (alerta spoiler: pasar tiempo con los niños no siempre es una buena contribución a tus reservas mentales) y explora tu lado más extravagante. Una de las líderes con las que trabajé obtenía impulso mental coloreando *mandalas*; para ella, aquello era una actividad casi meditativa. A otra le resultaba muy estimulante apuntarse a programas de formación para ejecutivos, como si buscara destinos vacacionales de carácter intelectual. Como me dijo en cierta ocasión: «Me satisface esa sensación de ampliar el mundo». Una tercera líder halló su fuente de energía en la literatura y también en explorar las nuevas tendencias en un ámbito distinto al suyo.

En segundo lugar, da rienda suelta a tu hedonismo. En las pruebas de personalidad que suelo hacer, muchas de las mujeres con las que trabajo obtienen una puntuación muy baja en las medidas relacionadas con este aspecto. Son personas muy concienciadas —rasgo que, sin duda, les sirvió para llegar tan alto—, pero también tienen tendencia a olvidar lo importante que es divertirse y disfrutar de la vida. Quizá por eso, sus potenciadores no suelen suponer mucho gasto. Los puestos de liderazgo de alto nivel conllevan sueldos más elevados, y, aunque tu tendencia natural sea ahorrar, no olvides que darse algún capricho ocasional puede ser también una buena inversión.

Encuentra un aliado

Tu vida personal, por supuesto, no es la única fuente de energía posible. En las condiciones adecuadas, el trabajo también contribuirá a tus reservas mentales. Esto es cierto, en particular, si tu equipo se caracteriza por lo que Amy Edmondson, de la Harvard Business School, denomina «seguridad psicológica», es decir, la sensación de que están de tu lado y no hay riesgo si se cometen errores o se dice alguna tontería en el seno del grupo.[1]

El problema es que esas condiciones no suelen darse, y menos en la cúpula directiva de las empresas. Los equipos de alta dirección suelen ser muy políticos, y en ellos los fracasos acarrean consecuencias mucho mayores que en niveles inferiores. Y aunque es posible generar un auténtico espíritu de equipo en la cima, con tiempo y esfuerzo, los nuevos miembros rara vez podrán gozar del mismo antes de haber demostrado su valía. ¿Qué se puede hacer entonces para potenciar un ambiente que contribuya a conservar la energía?

La respuesta —por lo que he descubierto en mis estudios— consiste en desechar la idea de que el equipo es, en sí, un lugar seguro. En vez de eso, céntrate en conseguir a un único aliado cercano, es decir, alguien con quien te sientas libre para hablar en privado y que sea tu válvula de escape ante las inevitables frustraciones del trabajo. Las mujeres en altos cargos con las que he trabajado son capaces de responder sin dudar a la siguiente pregunta: «¿Con quién puedes hablar con total libertad?»; y son conscientes de ello al cultivar estas relaciones, puesto que las emplean para conservar su energía, como una especie de rutina.

Con suerte, es posible que ya cuentes con un aliado en el equipo, pero si no es así hay formas de acelerar el proceso. En primer lugar, el género no es prioritario. Puede parecer natural intentar aliarse con otra mujer (si hay alguna más en el equipo, claro); pero me he dado cuenta de que, al final, más importantes que el género son los valores compartidos: que la otra persona sea alguien con quien puedas relacionarte a un nivel más profundo, y con quien puedas sentirte libre de echar unas risas. Las alianzas de este tipo tienen un fuerte paralelismo con las amistades —algunas de mis clientas las llaman, incluso, «matrimonios de trabajo»—, y su formación suele basarse en algo más que en meros gustos comunes.

En segundo lugar, es fundamental que des a conocer tus pasiones. Alexandra, la socia del fondo de cobertura a la que mencioné antes, tenía algunos colegas obsesionados con el fútbol americano, pero como ella misma me dijo: «Nunca hablo de deportes. No me interesa». Lo que hacía era hablar con frecuencia de lo que sí le interesaba, y buscar a las personas receptivas a esos temas; forjaba, pues, sus relaciones sobre la base de los puntos en común.

Por último, genera oportunidades para hablar con la gente en privado y, siempre que sea posible, fuera del trabajo. Para algunos esto implicará compartir coche en un desplazamiento fuera de la empresa o asegurarse de conseguir asientos contiguos en un vuelo largo. Las aficiones y las costumbres también pueden ayudar en este sentido: algunas de mis clientas han forjado alianzas en el gimnasio o compartiendo el coche de camino al trabajo, y han aprovechado ese tiempo para discutir nuevas ideas o para averiguar cómo gestionar los juegos políticos de su empresa. No sé, hay algo en estos «apartes» que favorece la apertura y prepara el terreno para establecer vínculos más fuertes.

Supera la ansiedad canalizando tus valores

Asumir riesgos forma parte de cualquier carrera profesional en el mundo de la empresa, y pocas personas (hombres o mujeres) acceden a los niveles superiores de su organización sin haber hecho una o dos apuestas arriesgadas por el camino. Pero una vez que se está arriba la clase de riesgos que se asume cambia de forma significativa. Porque hay mucho más en juego. Existe un grado superior de incertidumbre respecto a las posibles opciones; y determinadas decisiones pueden llevarte a que te quedes sola por ir en contra de un grupo más veterano.

Según mi experiencia, las mujeres se enfrentan a esta clase de cambios mucho más que los hombres, hasta el punto de que la ansiedad se convierte en una emoción predominante en su nuevo papel. Esto genera una doble desventaja: como una especie de sentimiento de fondo, siempre presente, la ansiedad se convierte en una sanguijuela que te chupa la energía; y, a la vez, cuando el nivel de ansiedad es alto resulta complicado arriesgarse con nuevos enfoques, o incluso ver la situación con objetividad. Así que, ¿cómo podrían las líderes armarse de valor para dar un paso al frente, tomar decisiones difíciles o enfrentarse solas a un problema, sin que la presión les agote la energía?

Todo tiene su origen en tu motivación principal: ¿tu objetivo es conservar o incluso mejorar tu cargo o tu posición política en el equipo, o prefieres más bien marcar la diferencia? Paradójicamente, observo que las mujeres que se enfocan en el desarrollo de su carrera tienen menos probabilidades de ejercer un verdadero impacto como líderes. Y es que cuando tu objetivo es evitar el fracaso la tentación de ir a lo seguro tal vez te meta en una carrera dominada por la ansiedad y tiendas a evitar las decisiones arriesgadas.

En comparación, las mujeres en altos cargos a las que he asesorado prestaban mucha atención a su carrera, pero no la consideraban su objetivo principal; más bien la veían como una herramienta para generar resultados, cambios y avances respecto a lo que de verdad les importaba. Su tendencia a hacer lo correcto levantó una especie de baluarte mental contra la ansiedad extrema, permitiéndoles así conservar la calma bajo presión y reservar parte de su energía para usarla cuando fuera necesario.

Por eso, pregúntate: ¿qué puedo garantizar? La capacidad para mantener intactas tus convicciones es esencial, igual que la de seguir un determinado camino, no porque sea el más fácil y agradable, sino porque es la solución idónea cuando las cosas se ponen feas. Incluso en la situación más tempestuosa hay una base de calma que procede de ser fiel a tus valores.

Juntas, las tres tácticas que he esbozado aquí pueden marcar la diferencia en cuanto a tu gestión de la energía y el éxito una vez que estés en la cima. Y, en más de un sentido, hacerlo es crucial, porque de ello dependen muchas cosas. De manera injusta o no, las mujeres que hoy en día acceden a puestos directivos se enfrentan a la carga extra de demostrar que pueden rendir igual de bien o mejor que sus colegas hombres. Así que no basta con romper el techo de cristal: tenemos que hacer hincapié en cómo pueden llegar más mujeres a la cima, pero también en cómo pueden rendir una vez que han llegado allí.

MERETE WEDEL-WEDELLSBORG dirige su propia consulta de psicología empresarial, en la que atiende a clientes de los sectores financiero, farmacéutico y de defensa, así como a empresas familiares. Es doctora en Economía Empresarial por la Escuela de Negocios de Copenhague y tiene un máster en Psicología Clínica por la Universidad de Copenhague. Es autora de *Battle Mind: How to Navigate in Chaos and Perform Under Pressure*.

Nota

1. Amy Edmondson, «Psychological Safety and Learning Behaviour in Work Teams», *Administrative Science Quarterly* 44, n.º 2 (1999): 350-383.

Adaptado del contenido publicado en hbr.org el 16 de abril de 2018 (producto #H04A4R)

9

Cinco maneras de enfocar tu energía durante una crisis laboral

Amy Jen Su

Es inevitable que en el trabajo se produzcan altibajos. Solemos oscilar entre períodos estables —en los que sentimos más seguridad respecto al ritmo y la carga de trabajo— y otros de máxima actividad, en los que las exigencias nos machacan. Contratiempos inesperados, *sprints* en algunos proyectos, incluso las vacaciones y los festivos son factores que a veces generan caos y tensión. De modo que mantener la concentración y gestionar los niveles de energía son cuestiones fundamentales cuando las tareas se acumulan sobre una carga de por sí grande. Pero no te preocupes: cuando estés viviendo tu próxima crisis laboral, hay ciertas cosas que puedes hacer para concentrarte y administrar tu energía de una forma más productiva.

Acepta la situación

Cuando comienza un período de alta intensidad en el trabajo, es fácil tratar de resistirse a ello. Solemos desear que las cosas sean como el mes pasado, o anhelamos disfrutar del ritmo que teníamos en vacaciones. Pero lo que hacemos al actuar así es no estar presentes en el aquí y el ahora, por lo que agotamos nuestra energía rumiando la situación. De hecho, en física se define la resistencia como «el grado en que una sustancia o dispositivo se opone al paso de una corriente eléctrica, causando una disipación de energía». En el caso de una crisis laboral, cuanto más te opongas a lo que ocurre, más energía perderás. Ahora bien, aceptar no implica ceder;[1] al contrario, se trata de tomar conciencia de la realidad para poder actuar con claridad.

Observa y etiqueta tus emociones subyacentes

La aceptación es muy difícil, sobre todo a causa de las emociones subyacentes que suele provocar una crisis laboral aguda. En tales situaciones predominan los pensamientos negativos del tipo «no voy a hacerlo bien», «no sé si seré capaz de llegar a todo» o «siento que me equivoco todo el tiempo, tanto en casa como en el trabajo». David Rock, director del Neuro Leadership Institute, sugiere en su libro *Your Brain at Work* que, en vez de suprimir o negar una emoción, una técnica cognitiva bastante más eficaz es el etiquetado, que consiste en considerar una situación y poner una etiqueta a las emociones que se experimentan en ella. «Los ejecutivos de mayor éxito han desarrollado la capacidad de encontrarse en un estado de alta excitación del sistema límbico y seguir conservando la calma —dice Rock—. Y en parte esto se debe a su habilidad para etiquetar los estados emocionales».

Así que la próxima vez que te veas en un apuro o sufras un contratiempo en el trabajo, sigue el consejo de Rock: detente, observa tus pensamientos y tu estado emocional y asigna una palabra a lo que está ocurriendo; puede ser «presión», «culpa» o «preocupación». Las investigaciones de Rock demuestran que apenas la elección de una o dos palabras logra disminuir la excitación del sistema de lucha o huida del cerebro límbico y activar el córtex prefrontal, que es el responsable de nuestras habilidades de funcionamiento ejecutivo y de la regulación de nuestra conducta.

Conserva tu capacidad de decisión y acción

Aceptar la situación y etiquetar las propias emociones quizá contribuya a reducir la ansiedad generada por una crisis laboral. Esto es fundamental, porque, como demuestran las investigaciones de la Universidad de Pittsburgh, la ansiedad afecta de manera directa al funcionamiento cognitivo, en especial a las áreas responsables de la toma de decisiones.[2]

Por tanto, no caigas en el victimismo al creer que no existen más opciones o que no tienes el control de la situación. En lugar de ello, analiza tus prioridades, trata de llegar a acuerdos e incorpora el autocuidado siempre que puedas. Por ejemplo, pregúntate:

- ¿Cuáles son las dos cosas más importantes para hoy?

- ¿Qué puedo hacer para cargar las pilas (acostarme temprano una noche esta semana, escuchar mi música favorita mientras trabajo o echarme la siesta durante un vuelo)?

- ¿A quién o a qué tendré que decir que no durante este tiempo?

Comunícate con tus colegas y seres queridos

Otras personas pueden suponer una verdadera pérdida de energía —o una ganancia— en los períodos de crisis en el trabajo. Cuando estés viviendo uno de ellos, haz una pausa y considera si te es posible renegociar los plazos, fijar límites más estrictos o pedir más apoyo:

- *Renegocia los plazos.* Vuelve a hablar con tus colegas para asegurarte de que comprendes cuándo necesitan algo de verdad y cuándo lo van a revisar. Si prevés que no podrás, de ninguna manera, cumplir el plazo, informa al resto de la nueva fecha límite o renegocia el plazo. Eso sí, mantén intacto tu buen nombre cumpliendo los compromisos adquiridos y, cuando no seas capaz de seguir el ritmo, admítelo con sinceridad.

- *Fija* límites más estrictos. Los límites y barreras que nos marcamos han de ser diferentes en períodos con picos de trabajo. Haz saber siempre a los demás, tanto en lo profesional como en lo personal, cuándo estarás disponible, para que sean conscientes de tus límites.

- *Pide ayuda y apoyo.* Mucha gente se enorgullece de no molestar nunca a los demás y ser autosuficiente, pero lo cierto es que todo el mundo necesita ayuda alguna vez. Pide a tu familia que te eche una mano en casa. Y comparte la responsabilidad de los proyectos con tus colegas, sea delegando ciertas tareas o trabajando en equipo, en vez de hacerlo todo por tu cuenta.

Practica la autocompasión

Quizá lo más difícil de controlar durante una crisis laboral sea la tendencia a machacarse, sobre todo cuando el listón está muy alto y no se es capaz de llegar a ese nivel. Annie McKee, autora de *How to Be Happy at Work* y coautora de varios libros sobre inteligencia emocional, afirma lo siguiente sobre la autocompasión: «Si pretendes lidiar con el estrés, deja de actuar en plan héroe y empieza a cuidarte».

Para practicar la autocompasión en una situación de estrés laboral, lo que debes hacer es, primero, aceptar la situación, reconociéndola con conciencia y compasión; a continuación, observar y etiquetar tus emociones (no reprimirlas ni negarlas); luego, conservar tu capacidad de decisión y acción; comunicarte con tus colegas y seres queridos, y pedir ayuda cuando la necesites. Si adoptas estas medidas, te aseguro que superarás la próxima crisis con mayor facilidad y en paz.

AMI JEN SU es cofundadora y socia directora de Paravis Partners, una prestigiosa compañía dedicada al coaching empresarial y el desarrollo del liderazgo. En las dos últimas décadas, ha ayudado a directores generales, ejecutivos y prometedoras figuras en numerosas organizaciones. Es autora de *The Leader You Want to Be* (Harvard Business Review Press, 2019) y coautora, con Muriel Maignan Wilkins, de *Own the Room* (Harvard Business Review Press, 2019).

Notas

1. Steve Taylor, «How Acceptance Can Transform Your Life: The Four Stages of Acceptance», *Psychology Today*, 19 de agosto de 2015: https://www.psychologytoday.com/us/blog/out-the-darkness/201508/how-acceptance-can-transform-your-life

2. Christopher Bergland, «How Does Anxiety Short Circuit the Decision-Making Process?», *Psychology Today*, 17 de marzo de 2016: https://www.psychologytoday.com/us/blog/the-athletes-way/201603/how-does-anxiety-short-circuit-the-decision-making-process

Adaptado del contenido publicado en hbr.org
el 22 de septiembre de 2017 (producto #H03WMD)

10

La resiliencia tiene que ver con recuperarse, no con aguantar

Shawn Achor y Michelle Gielan

Como viajeros frecuentes y padres de un niño de dos años, a veces, cuando uno de nosotros se sube a un avión fantaseamos con la idea de poder trabajar sin que nos distraigan el teléfono, los amigos o, qué sé yo, *Buscando a Nemo*. Así que corremos a hacer todos los preparativos: la maleta, el control de seguridad, una llamada de trabajo de última hora, otra entre nosotros, el embarque, etc. Y luego, cuando intentamos tener esa increíble sesión de trabajo en pleno vuelo…, no conseguimos hacer nada. Peor aún, después de chequear una y otra vez el correo electrónico o de releer los mismos informes, al aterrizar estamos tan cansados que somos incapaces de seguir leyendo los correos que, sin duda, se habrán vuelto a acumular.

Pero ¿por qué nos agota volar? Si vamos sentados sin hacer nada. ¿Por qué no somos capaces de ser más fuertes, de tener más resiliencia y decisión en el trabajo para cumplir nuestros objetivos? Pues el caso es que, basándonos en la investigación reciente, nos hemos dado cuenta de que el problema no es nuestra frenética agenda o el viaje en avión como tal: más bien tiene que ver con un malentendido acerca de lo que significa la resiliencia y el impacto del exceso de trabajo.

Y es que a veces adoptamos un enfoque militarista y «duro» de la resiliencia y la determinación. Imaginamos a un marine arrastrándose con dificultad por el lodo, a un boxeador aguantando un asalto más o a un futbolista levantándose del césped para volver a chutar el balón. Creemos que, cuanto mayor sea nuestro nivel de aguante, más fuertes seremos y, en consecuencia, más grande será nuestro éxito. Sin embargo, esta concepción es, desde una perspectiva científica, errónea.

Lo que ocurre en realidad es que la ausencia de un período de recuperación frena de forma drástica la capacidad colectiva para la resiliencia y el éxito. La investigación ha mostrado una correlación directa entre la falta de recuperación y el incremento de los problemas de salud y confianza.[1] Tanto si se presenta en forma de una mala calidad del sueño, interrumpido por las preocupaciones laborales, como por la excitación continua que provoca el estar atentos constantemente al teléfono, la falta de recuperación supone, para nuestras empresas, una pérdida de 62.000 millones de dólares anuales (sí, no millones, sino miles de millones) en pérdidas de productividad.[2]

Es importante recordar que el mero hecho de dejar de trabajar no supone entrar en un período de recuperación. Admítelo: a veces «interrumpes» tu labor a las cinco de la tarde, pero luego te pasas el resto del día buscando soluciones a ciertos problemas y hablando de tus proyectos durante la cena, hasta que el sueño te vence mientras haces el recuento de las tareas que te esperan al día siguiente. En un estudio al respecto, un grupo de investigadores noruegos hallaron que el 7,8 % de sus compatriotas se habían vuelto adictos al trabajo.[3] Desde un punto de vista científico, esta adicción se define como «sentir demasiada preocupación por el trabajo, un impulso laboral incontrolable, e invertir tanto tiempo y esfuerzo en ello que otras áreas relevantes de la vida se ven perjudicadas».[4]

Creemos, sinceramente, que la mayoría de la población trabajadora estadounidense encajaría en esta definición. De hecho, hemos analizado un gran conjunto de datos de una prestigiosa empresa médica para examinar cómo la tecnología alarga hoy en día la jornada laboral y, por lo tanto, interfiere con la recuperación cognitiva necesaria, lo que se traduce en enormes costes de atención médica y de rotación para las empresas.

El concepto erróneo de resiliencia se empieza a forjar desde una edad temprana. Los padres que intentan enseñar a sus hijos en qué consiste esta cualidad celebran, por ejemplo, que un estudiante se quede en vela hasta las tres de la madrugada, preparando un examen. ¡Menuda distorsión del concepto de resiliencia! En realidad, un adolescente solo tiene capacidad de resiliencia si ha descansado bien. Si, por el contrario, va a clase sin dormir, para empezar pondrá en peligro a otras personas durante el trayecto, porque conducirá con sus reflejos mermados; tampoco dispondrá de los recursos cognitivos necesarios para obtener un buen resultado en el examen; además, tendrá menos autocontrol con sus amistades, y en casa estará de mal humor con sus padres. En otras palabras, el exceso de trabajo y el cansancio son lo opuesto a la resiliencia. Y los malos hábitos que adquirimos de jóvenes se multiplican cuando nos enfrentamos al mundo laboral.

En su libro *La revolución del sueño*, Arianna Huffington señaló: «Sacrificamos el sueño en nombre de la productividad, pero, irónicamente, a pesar de las horas extra que pasamos en el trabajo, esto se traduce en 11 días de productividad perdida al año por cada trabajador, es decir, alrededor de 2280 dólares».[5]

La clave de la resiliencia es, por tanto, esforzarse mucho, pero luego detenerse, recuperarse y volver a intentarlo. Esta conclusión se basa en la biología. La homeostasis es un concepto biológico fundamental que describe la capacidad para recuperarse y preservar el bienestar.[6] El neurocientífico Brent Furl, de la Universidad de Texas A&M, acuñó el término «valor homeostático» para describir la capacidad de ciertas acciones para generar equilibrio y, por lo tanto, bienestar en el cuerpo. Cuando este no está equilibrado debido al exceso de trabajo, se desperdicia una gran cantidad de recursos mentales y físicos tratando de recobrar ese equilibrio antes de poder avanzar.

Como afirman Jim Loehr y Tony Schwartz, si pasas mucho tiempo en la zona de rendimiento, necesitarás un período extra en la de recuperación; de lo contrario, te arriesgas a caer en el burnout.[7] Porque reunir los recursos suficientes para «esforzarte» requiere quemar energía con el fin de superar tu bajo nivel de actividad. Esto se llama «regulación ascendente»; y también incrementa el cansancio. Por lo tanto, cuanto mayor sea tu desequilibrio por exceso de trabajo, más valor tendrán las actividades que te permiten volver al equilibrio. El valor de un período de recuperación aumenta en proporción a la cantidad de trabajo que se nos exige.

Entonces, ¿cómo nos recuperamos y desarrollamos la resiliencia? La mayoría de la gente asume que, si deja de hacer una tarea (como contestar correos electrónicos o escribir un artículo), el cerebro se recuperará de forma natural, de tal manera que cuando la retome más tarde o la mañana siguiente habrá recobrado toda su energía. Sin embargo, cualquiera que esté leyendo esto seguro que ha vivido momentos en los que es incapaz de dormir porque su cerebro «sigue» en el trabajo. Si te metes en la cama ocho horas, quizá descanses, pero el agotamiento puede continuar al día siguiente. Esto se debe a que descanso y recuperación no son lo mismo: descansar no siempre equivale a recuperarse.

Si estás tratando de desarrollar la resiliencia en el trabajo, necesitas períodos adecuados de recuperación interna y externa. Como señalan los investigadores Zijlstra, Cropley y Rydstedt: «La recuperación interna se refiere a los períodos más cortos de relajación que tienen lugar dentro de la jornada laboral o en el entorno de trabajo, en forma de breves pausas, programadas o no, como desviar la atención a otra cosa o abordar otra tarea cuando los recursos mentales o físicos necesarios para la inicial se agotan por un tiempo o se acaban. La recuperación externa se refiere a las acciones que tienen lugar fuera del trabajo, por ejemplo, en el tiempo libre entre jornadas laborales, los fines de semana, festivos o vacaciones».[8] Si después del trabajo te metes en la cama y sigues irritándote por las noticias que lees en internet o te estresas pensando en cosas pendientes, como una posible reforma en casa, eso significa que tu cerebro no está descansando lo suficiente y continúa en un estado de alta excitación mental. No olvides que el cerebro necesita reposar tanto como el resto del cuerpo.

Si de verdad quieres desarrollar la resiliencia, comienza con una pausa estratégica. Concédete los recursos suficientes para ser inflexible con los períodos de recuperación internos y externos. En *The Future of Happiness*, libro basado en su trabajo en la Yale School of Management, Amy Blankson describe cómo detenerse, siguiendo una estrategia prefijada, a lo largo del día; siempre usando la tecnología para controlar el exceso de trabajo. Sugiere, por ejemplo, descargarse las aplicaciones Instant o Moment para saber cuántas veces se mira el móvil. Por término medio, cada persona lo hace 150 veces al día. Si cada una de esas distracciones supusiera un solo minuto (lo cual es una estimación muy optimista), eso representaría un total de dos horas y media... ¡cada día!

Puedes usar, asimismo, aplicaciones como Offtime o Unplugged para reservar momentos libres de tecnología, programando la conexión automática del modo avión. Además, otra buena idea es tomarte un descanso mental cada 90 minutos para recargar pilas. Intenta no comer en tu puesto de trabajo, sino pasar tiempo al aire libre o hablando con tus amigos o colegas (pero no de trabajo, claro). Aprovecha también todas las vacaciones remuneradas que te correspondan; esto no solo te concederá espacios de recuperación, sino que aumentará tu productividad y, con ello, tus posibilidades de promocionar en la empresa.

En cuanto a nosotros dos, hemos empezado a considerar los vuelos como momentos libres de trabajo y, por lo tanto, como tiempo para sumergirnos en la fase de recuperación. Y los resultados han sido fantásticos. En general, ya estamos cansados cuando subimos a un avión, y tanto el espacio reducido como la mala conexión a internet que los caracteriza hacen que trabajar allí sea más difícil. Así que ahora, en lugar de ir a contracorriente, nos relajamos, meditamos, dormimos, vemos películas, tomamos notas en un diario o escuchamos entretenidos podcast. Y una vez que bajamos del avión no queda lugar para el agotamiento: nos sentimos rejuvenecidos y listos para volver a la zona de rendimiento.

SHAWN ACHOR es autor de los superventas *New York Times Big Potential, The Happines Advantage* y *Before Happines*. Es director del servicio BetterUp. MICHELLE GIELAN, presentadora a nivel nacional de *CBS News* e investigadora en el ámbito de la psicología positiva para UPenn, es autora del superventas *Broadcasting Happiness*.

Notas

1. Judith K. Sluiter, «The Influence of Work Characteristics on the Need for Recovery and Experienced Health: A Study on Coach Drivers», *Ergonomics* 42, n.º 4 (1999): https://doi.org/10.1080/001401399185487

2. American Academy of Sleep Medicine, «Insomnia Costing US Workforce $63.2 Billion a Year in Lost Productivity, Study Shows», *Science Daily*, 2 de septiembre de 2011: https://www.sciencedaily.com/releases/2011/09/110901093653.htm

3. Cecilie Schou Andreassen *et al.*, «The Relationships Between Workaholism and Symptoms of Psychiatric Disorders: A Large-Scale Cross-Sectional Study», *PLOS ONE* 11, n.º 5 (2016): e0152978: https://doi.org/10.1371/journal.pone.0152978

4. Cecilie Schou Andreassen, Jørn Hetland y Ståle Pallesen, «Psychometric Assessment of Workaholism Measures», *Journal of Managerial Psychology*, 1 de enero de 2014: https://www.emerald.com/insight/content/doi/10.1108/JMP-05-2013-0143/full/html

5. Arianna Huffington, *The Sleep Revolution: Transforming Your Life, One Night at a Time* (Nueva York: Harmony, 2016).

6. «What Is Homeostasis? Emeritus Professor Kelvin Rodolfo of the University of Illinois at Chicago's Department of Earth and Environmental Sciences Provides This Answer», *Scientific American*, 3 de enero de 2000: https://www.scientificamerican.com/article/what-is-homeostasis/

7. Jim Loehr y Tony Schwartz, *The Power of Full Engagement: Managing Energy, Not Time, Is the Key to High Performance and Personal Renewal* (Nueva York: Free Press, 2003).

8. Fred R. H. Zijlstra, Mark Cropley y Leif W. Rydstedt, «From Recovery to Regulation: An Attempt to Reconceptualize "Recovery from Work"», *Stress Health* 30, n.º 3 (agosto de 2014): 244-252.

Adaptado del contenido publicado en hbr.org
el 24 de junio de 2016 (producto #H02Z3O)

11

Lo que todavía no sabes sobre la motivación

Susan Fowler

En algún momento de su carrera, la mayoría de los líderes han basado (o justificado), de manera consciente, su enfoque motivacional en la pirámide de necesidades de Maslow. La propuesta de este autor —que afirma que las personas se motivan satisfaciendo primero las necesidades de nivel inferior, como alimentación, agua, vivienda y seguridad, antes de poder encontrar motivación por la cobertura de necesidades de nivel superior, como la autorrealización— es la teoría motivacional más conocida del mundo.[1] Por supuesto, no hay nada malo en ayudar a la gente a satisfacer lo que Maslow calificó como «necesidades de nivel inferior»: cualquier mejora en las condiciones laborales o de seguridad deberían ser acogidas y celebradas como positivas. Lo más básico es que los seres humanos tengan suficiente alimento y agua como para satisfacer sus necesidades biológicas. Por tanto, conseguir que la gente no viva en la calle sino en entornos saludables es lo más decente que se puede hacer. Sin embargo, la realidad nos muestra que las personas pueden experimentar una motivación de nivel superior en cualquier instante y lugar.

En otras palabras, a pesar de la fama de la que goza la pirámide de Maslow, no hay demasiados datos recientes que respalden su validez. Los científicos sociales actuales —en especial algunos, como el doctor Edward Deci—, cientos de investigadores de la teoría de la autodeterminación y miles de estudios señalan, por el contrario, la existencia de tres necesidades psicológicas universales. Si de verdad quieres sacar partido a esta nueva teoría —en lugar de basarte en una pirámide de necesidades—, deberías centrarte en estos tres componentes: *autonomía, vínculos* y *competencia.*

La **autonomía** es la necesidad de las personas de percibir que tienen capacidad de elección, que lo que hacen obedece a su propia voluntad y que son responsables de sus actos. La actitud de los líderes a la hora de plantear la información y afrontar las situaciones favorece la probabilidad de que la gente sienta que disfruta de autonomía o, por el contrario, la dificulta. Para fomentar la autonomía:

- Plantea objetivos y plazos como información esencial para garantizar el éxito de tu equipo, no como imposiciones o fórmulas para responsabilizarles.

- Abstente de incentivar a tu equipo por medio de juegos competitivos. Pocas personas han adquirido la habilidad de diferenciar la motivación de competir por conseguir un beneficio meramente «material» (ganar un premio o adquirir estatus) a hacerlo por otra razón de mayor valor (la oportunidad de alcanzar un objetivo significativo).

- No presiones para obtener resultados. El rendimiento máximo sostenido es el resultado de que alguien actúe porque así lo *decide*, no porque sienta que *tiene que* hacerlo.

El **vínculo** es la necesidad de cuidar y ser cuidado, de sentir conexión con los demás sin preocuparse por segundas intenciones y sentir que se contribuye a algo más grande que a la propia individualidad. Los líderes tienen una gran oportunidad de ayudar a sus equipos a obtener sentido del trabajo que hacen. Así que, para promover el vínculo:

- Concede a los empleados el derecho a expresar sus sentimientos en el lugar de trabajo. Pregunta a la gente cómo se siente respecto a un proyecto u objetivo asignado, y escucha su respuesta. A lo mejor no todos los comportamientos son aceptables, pero sí vale la pena explorar todos los sentimientos.

- Dedica tiempo a facilitar el desarrollo a nivel laboral de los valores personales de tus empleados y, a continuación, ayúdales a alinear esos valores con la consecución de objetivos. Es imposible alinear el trabajo con esos valores si las personas no somos conscientes antes de cuáles son esos valores.

- Conecta el trabajo de los miembros de tu equipo con un propósito noble.

La **competencia** es la necesidad de sentirse eficaz para afrontar retos y oportunidades, demostrar habilidades y experimentar la emoción del crecimiento y el bienestar. Lo ideal es que los líderes aviven el deseo de crecer y aprender en los miembros de su equipo. Para desarrollar la competencia de las personas:

- Facilítales recursos para el aprendizaje. ¿Qué mensaje sobre el valor del aprendizaje y el desarrollo crees que se transmite al personal de una empresa cuando los presupuestos de formación son los primeros que se recortan en una situación de crisis?

- Fija objetivos de aprendizaje, no solo los típicos orientados a resultados.

- Al final de la jornada, en vez de preguntar: «¿Qué has conseguido hoy?», pregunta: «¿Qué has aprendido hoy? ¿Cómo has crecido hoy, de modo que te sirva de ayuda a ti y también a los demás de cara al futuro?».

Es importante destacar que, a diferencia de las necesidades de Maslow, estas tres que acabo de describir no son jerárquicas ni secuenciales. Es decir, se trata de necesidades fundamentales para todos los seres humanos y en ellas se basa nuestra capacidad para prosperar.[2]

El fascinante mensaje que quiero transmitir aquí a los líderes es que, al satisfacer estas tres necesidades psicológicas básicas en el ámbito laboral, cualquier persona experimentará una motivación tal que la pasión por lo que hace se verá alimentada, y también se incrementarán los beneficios inherentes a la participación activa en el trabajo. Por tanto, sacar partido a los últimos avances en este ámbito requiere mover el enfoque del liderazgo desde «¿Qué puedo dar a mi equipo para motivarlo?» hacia «¿Cómo puedo facilitar la satisfacción en mi equipo en lo relativo a la autonomía, el vínculo y la competencia?».

Cualquier líder cuenta, a diario, con múltiples oportunidades para incorporar estas prácticas de motivación. Por ejemplo, un directivo con el que hago coaching estaba a punto de enviar un mensaje a toda su empresa para anunciar un curso de formación obligatorio sobre ecología. Resulta irónico, pero ese mensaje cargado de buenas intenciones probablemente haría que la gente se sintiera forzada a hacer dicho curso, lo que debilitaría su sentido de autonomía y reforzaría la resistencia más que el cumplimiento de la obligación. Esto es así porque su mensaje no ofrecía una justificación basada en valores, ni pedía a la plantilla que considerasen de qué modo sus creencias personales sintonizaban con la iniciativa. Así pues, tras reconsiderar el enfoque, elaboró el siguiente mensaje, que contenía opciones para experimentar la autonomía, el vínculo y la competencia:

Existen tres maneras de compartir nuestro compromiso de aplicar soluciones ecológicas como parte esencial de la iniciativa de responsabilidad social corporativa:

- *Únete a otras personas interesadas en la reducción de la huella de carbono en una amena e interactiva sesión de formación el próximo 15 de noviembre.* [Vínculo].

- *Lee el manifiesto adjunto y haz un test rápido para ver lo que has aprendido, antes del 18 de noviembre.* [Competencia].

- *Envíanos tu relato sobre lo que haces en el trabajo para ser responsable con el medioambiente, antes del 14 de noviembre.* [Autonomía, competencia y vínculo].

Puedes elegir las tres opciones o solo una o dos de ellas. [Autonomía]. *Haznos saber tu(s) preferencia(s) por correo electrónico* [Autonomía] *antes del 31 de octubre o pasa por nuestra mesa en la fiesta de Halloween de la empresa* [Vínculo]. *Si ninguna de las tres opciones te convence* [Autonomía], *dinos qué podemos hacer para apelar a tus valores en materia de responsabilidad social corporativa* [Vínculo].

No subestimes la capacidad de tu personal —mejor dicho, sus deseos— para experimentar una motivación de alta calidad en el trabajo en cualquier momento y lugar.

SUSAN FOWLER es presidenta de Mojo Moments, Inc., y autora del superventas ¿Por qué motivar a la gente no funciona, y qué sí?

Notas

1. Kendra Cherry, «Maslow's Hierarchy of Needs», *Very Well Mind*, 26 de enero de 2022: https://www.verywellmind.com/what-is-maslows-hierarchy-of-needs-4136760

2. Edward L. Deci y Richard M Ryan, «The Importance of Universal Psychological Needs for Understanding Motivation in the Workplace», *The Oxford Handbook of Work Engagement, Motivation, and Self-Determination Theory*, ed. MArylène Gagné, DOI: 10.1093/ oxfordhb/9780199794911.013.003

Adaptado de «What Maslow's Hierarchy Won't Tell You About Motivation», en hbr.org, 26 de noviembre de 2014 (producto #H012BN)

12

Por qué se pierde la motivación y qué pueden hacer los directivos para evitarlo

Dan Cable

Cualquier líder ha tenido que lidiar alguna vez con una persona —o, peor aún, con un grupo— que ha perdido la motivación. Es frustrante, ¿verdad? Por mucho que hayamos pasado por ello, resulta difícil simpatizar con otras personas que están desanimadas en el trabajo y, en consecuencia, son improductivas. A veces, consideramos su infelicidad como una especie de defecto en su mentalidad, y, por lo tanto, pensamos que deberían ser capaces de superarlo.

Aunque como líder resulta fácil caer en este tipo de pensamiento, en realidad es contraproducente, y además ignora las razones subyacentes por las que la gente pierde la ilusión por su trabajo (o incluso por las que nunca la ha sentido).

Para llegar a la esencia del problema es básico entender que, como seres humanos, deseamos motivación y obtener un cierto sentido de las cosas que hacemos. Forma parte de nuestra biología. De hecho, en el cerebro está el llamado «sistema de búsqueda», que genera los impulsos naturales para aprender nuevas habilidades y emprender tareas que suponen un desafío pero al mismo tiempo son significativas.[1] Cuando seguimos estos impulsos, recibimos una dosis de dopamina —un neurotransmisor relacionado con la motivación y el placer— que nos hace querer participar aún más en tales actividades.[2] Y, una vez que el sistema de búsqueda se pone en marcha, sentimos una mayor motivación, más ganas, y notamos que tenemos un propósito.[3] Nos llenamos de vitalidad.

Explorando, experimentando, aprendiendo..., así es como hemos de vivir y trabajar. El problema es que muchos individuos (demasiados) no pueden hacerlo porque la forma en que se gestiona la mayoría de las empresas se lo impide.

Pondré como primer ejemplo a Tom, un desarrollador web al que conocí en un servicio de consultoría que hice para una empresa de contabilidad. Cuando lo contrataron, recién graduado de la universidad, estaba entusiasmado, porque le habían dicho que tendría muchas oportunidades de aprendizaje y crecimiento. Pero la ilusión no le duró mucho. «Pronto descubrí que mi superior no tenía tiempo ni paciencia para experimentar —me explicó—. Le preocupaba más cumplir los protocolos que el desarrollo personal. Era como si le diera miedo probar cosas nuevas y que no salieran según lo esperado. No me daba mucho margen para aprender».

Aun así, al principio Tom no se desanimó. Trabajó en la mejora de algunos procesos y trató de aportar algo de su personalidad a la labor que hacía. Pero como su jefe estaba sometido a tanta presión para cumplir a rajatabla una serie de parámetros, al final no gozaba de la flexibilidad necesaria para aplicar sus ideas. Así, conforme pasaban las semanas, el trabajo de Tom se volvió muy aburrido, pura rutina, por lo que acabó desconectando de él.

Por supuesto, no hay que culpar a Tom por su reacción: hizo lo que cualquiera habría hecho, porque estamos *diseñados* para ello. Desconectarse es la forma que tiene el cuerpo de decirte que tu destino es hacer cosas mejores, seguir explorando y aprendiendo. Así es la biología humana: forma parte del inconsciente adaptativo saber que nuestro potencial se está desperdiciando.

La clave de todo esto para los líderes es hallar formas de poner en marcha el sistema de búsqueda de los miembros de su equipo. Pero ¿cómo hay que hacerlo? Si eres como el jefe de Tom, es probable que te topes con unos cuantos obstáculos burocráticos por el camino, muchos de los cuales quizá estén fuera de tu control. Al fin y al cabo, suele ser imposible pasar por alto los indicadores de rendimiento o salvar determinadas políticas y trámites que existen en todas las empresas.

No obstante, y a pesar de estas dificultades, es factible que los líderes impulsen el sistema de búsqueda de sus subordinados sin que sea necesaria una gran revisión de las políticas y la cultura de la empresa. Desde mi experiencia trabajando con líderes de todo el mundo, puedo afirmar que es posible cumplir los objetivos empresariales al tiempo que se mejora la vida del personal. Hay, en concreto, tres estímulos, sencillos pero importantes, que sirven para activar ese sistema: animar a la gente a desarrollar sus puntos fuertes, generar oportunidades para experimentar y ayudar a cada individuo a identificar el sentido de su trabajo.

Autoexpresión

Los filósofos llevan milenios diciéndonos que los seres humanos poseemos el impulso innato de mostrar a los demás quiénes somos en realidad; pero, en cierto modo, el modo de funcionar del ámbito laboral suele ir en contra de este deseo humano de autoexpresión. Incluso hoy en día, que tanto se ensalzan las virtudes de la creatividad y la innovación, seguimos observando con demasiada frecuencia la existencia de puestos de trabajo en extremo burocráticos, tareas inflexibles y sistemas de evaluación estandarizados que generan ansiedad en vez de entusiasmo y posibilidades de expresión personal.

El caso es que nadie desea limitarse a hacer lo mismo una y otra vez. Casi todo el mundo experimenta un profundo deseo de emplear sus habilidades y puntos de vista para tomar decisiones que contribuyan al éxito de su equipo. Si se pide a alguien que piense en sus principales cualidades, su sistema de búsqueda se conectará de inmediato. La investigación al respecto ha demostrado que, cuando las personas identifican y sacan partido a sus puntos fuertes, se sienten con más energía.

Sin lugar a dudas, los líderes pueden ayudar a los miembros de su equipo a convertirse en su mejor versión, y ello sin cambiar la estructura funcional de su empresa. Por ejemplo, en un estudio que llevé a cabo con otros colaboradores, descubrimos que pedir a los recién contratados que escribieran y compartieran historias sobre cómo se habían sentido en los mejores momentos de su carrera les ayudaba a mostrarse más compenetrados con sus compañeros de trabajo y a sentir que se valoraban sus talentos.[4] Los resultados mostraron que estos recién llegados daban una mejor atención a sus clientes y tenían menos probabilidades de dejar ese puesto en el futuro.

Está claro que los trabajadores quieren que se los valore por sus habilidades y su perspectiva individual, por lo que aportan, y cuanto más sea posible reforzar esto y recordarles el papel que juegan para la empresa, mucho mejor. Tampoco hace falta tanto. Cuento con el ejemplo de la Fundación Make-A-Wish y Novant Health; en ambas organizaciones, sus directivos animaron a los miembros de sus respectivos equipos a renombrar sus propios cargos, y solo aplicando esta medida se logró que la gente hiciera más contribuciones a su equipo.

Experimentación

Una segunda forma de poner en marcha los sistemas de búsqueda de las personas es crear una zona experimental «segura» que permita el juego y la generación de vínculos sociales de apoyo. El juego no solo estimula el sistema de búsqueda, también alivia la ansiedad y el miedo.

Las emociones positivas son, sin duda, importantes en sí mismas, pero no se trata solo de que el juego nos haga sentir bien; las zonas de seguridad para experimentar generan motivaciones intrínsecas, que son mucho más poderosas que las extrínsecas, porque dan rienda suelta a la creatividad. Las empresas se vuelven más ágiles cuando animan a sus trabajadores a plantearse y probar nuevos enfoques, y luego se les da *feedback* sobre cómo respondió el entorno a sus ideas.

La investigación es clara en cuanto a que plantear el cambio y la innovación como una oportunidad para experimentar y aprender es mejor que hacerlo como una situación de rendimiento, porque esto último produce ansiedad, aversión al riesgo y una menor disposición a perseverar frente a las dificultades.[5] Por ejemplo, el personal de una planta de fabricación de electrodomésticos en Italia aprendió a ser más eficiente jugando con piezas de Lego en lugar de con placas de cocina. Luego pusieron a prueba la transformación de su propia línea de producción sirviéndose de las nuevas técnicas. En dos semanas, el equipo de producción hizo suyo ese modelo de fabricación eficiente, con lo que disminuyeron los errores en un 30 % y mejoró la productividad en un 25 %.

Propósito

El sentido de propósito no sólo se consigue curando enfermedades y mejorando el mundo. Este sentido también se activa con cualquier situación en la que podamos ver la relación causa-efecto entre nuestras aportaciones y el progreso de nuestro equipo. Por ejemplo, se dispara cuando somos capaces de aportar ideas sobre el entorno y lo que podría funcionar mejor. Asimismo, experimentamos una motivación especial cuando conocemos de primera mano de qué manera nuestras contribuciones ayudan a otras personas y permiten avanzar al equipo.

Por ejemplo, cuando los responsables de un servicio de recaudación de fondos llevaron a becarios a un centro de llamadas para agradecerles el dinero recaudado, los empleados se volvieron más persistentes e hicieron muchas más llamadas en sus turnos. Y, al haber conectado de manera directa con los objetivos de su labor, cada llamada fue mucho más efectiva; recaudaron una media de 9.704,58 dólares, frente a los 2.459,44 de quienes no habían hablado con ningún becario.[6]

Ahora bien, ten en cuenta que potenciar este sentimiento de contar con un propósito no funciona si es algo puntual. No vale de nada limitarse al típico discurso de los altos cargos destacando por qué sus productos ayudan al usuario.

El propósito funciona mejor cuando se interactúa de forma directa con las personas a las que afecta el propio trabajo. Por ejemplo, a los empleados de

Microsoft se les anima a pasar tiempo con los clientes, entendiendo así sus problemas de primera mano. De este modo, un gestor de cuentas pasó una semana en la calle, patrullando con agentes de policía y tratando de entender cuándo y dónde podían ayudarles los datos remotos. Y otro estuvo dos días en un hospital para poder entender lo que realmente supondría prescindir por completo de los documentos en papel.

En realidad, no hace falta mucho para activar nuestros sistemas de búsqueda. Y para los líderes el resultado reside en aprovechar ese caudal de energía que ya está fluyendo bajo la superficie. Tampoco son necesarios discursos motivacionales para canalizar esa energía; solo el acuerdo de hacer un esfuerzo coordinado para infundir autoexpresión, experimentación y un sentido de propósito en todo lo que hacemos.

DAN CABLE es profesor de Comportamiento Organizacional en la London Business School. Su libro *Exceptional* te ayudará a elaborar un relato personal para liberar tu potencial, mientras que otra obra suya, *Alive at Work*, te ayudará a entender, desde la perspectiva de la neurociencia, por qué la gente ama lo que hace.

Notas

1. Jaak Panksepp, *Affective Neuroscience: The Foundations of Human and Animal Emotions* (Nueva York: Oxford University Press, 2004).

2. M. Koepp *et al.*, «Evidence for Striatal Dopamine Release During a Video Game», Nature 393 (1998): 266-268: https://doi.org/10.1038/30498

3. Carroll E. Izard, «Basic Emotions, Natural Kinds, Emotion Schemas, and a New Paradigm», *Perspectives on Psychological Science* 2, n.º 3 (septiembre de 2007): 260-280: https://doi.org/10.1111/j.1745-6916.2007.00044.x

4. Dan Cable, Francesca Gino y Bradley Staats, «The Powerful Way Onboarding Can Encourage Authenticity», hbr.org, 26 de noviembre de 2015: https://hbr.org/2015/11/the-powerful-way-onboarding-can-encourage-authenticity

5. Amy C. Edmondson, «Framing for Learning: Lessons in Successful Technology Implementation», en *Fundamentals of Organization Development*, ed. David Coghlan y Abraham B. Shani, IV121, SAGE Library in Business and Management (Londres: Sage Publications Ltd., 2010): https://dx.doi.org/10.4135/9781446261774.n64

6. Adam M. Grant, «The Significance of Task Signifi cance: Job Performance Effects, Relational Mechanisms, and Boundary Conditions», *Journal of Applied Psychology* 93, n.º 1 (2008): 108-124.

Adaptado del contenido publicado en hbr.org
el 12 de marzo de 2018 (producto #H047IC)

Índice

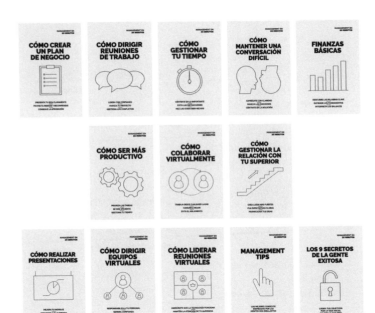

Serie Management en 20 minutos

Harvard Business Review

La **Serie Management en 20 Minutos** de HBR te permite estar actualizado sobre las habilidades de gestión más esenciales. Ya sea que necesites un curso intensivo o un breve repaso, cada libro de la serie es un manual conciso y práctico que te ayudará a revisar un tema clave de management. Consejos que puedes leer y aplicar rápidamente, dirigidos a profesionales ambiciosos y aspirantes a ejecutivos, procedentes de la fuente más fiable en los negocios. También disponibles en ebook.

Con la garantía de **Harvard Business Review**

Disponibles también en formato **e-book**

Solicita más información en revertemanagement@reverte.com

www.revertemanagement.com

@revertemanagement

Inteligencia Emocional
EMPATÍA

Inteligencia Emocional
FELICIDAD

Inteligencia Emocional
MINDFULNESS
(Atención plena)

Inteligencia Emocional
RESILIENCIA

Inteligencia Emocional
EL AUTÉNTICO LIDERAZGO

Inteligencia Emocional
INFLUENCIA Y PERSUASIÓN

Inteligencia Emocional
Cómo tratar con
GENTE DIFÍCIL

Inteligencia Emocional
LIDERAZGO
(Leadership Presence)

Inteligencia Emocional
PROPÓSITO SENTIDO + PASIÓN

Inteligencia Emocional
AUTO CONCIENCIA

Inteligencia Emocional
FOCUS

Inteligencia Emocional
SABER ESCUCHAR

Inteligencia Emocional
CONFIANZA

Inteligencia Emocional
PODER + INFLUENCIA

Inteligencia Emocional
IE VIRTUAL

Serie Inteligencia Emocional
Harvard Business Review

Esta colección ofrece una serie de textos cuidadosamente seleccionados sobre los aspectos humanos de la vida profesional. Mediante investigaciones contrastadas, cada libro muestra cómo las emociones influyen en nuestra vida laboral y proporciona consejos prácticos para gestionar equipos humanos y situaciones conflictivas. Estas lecturas, estimulantes y prácticas, ayudan a conseguir el bienestar emocional en el trabajo.

Con la garantía de **Harvard Business Review**

Participan investigadores de la talla de
Daniel Goleman, Annie McKee y **Dan Gilbert**, entre otros

Disponibles también en formato **e-book**

Solicita más información en revertemanagement@reverte.com

www.revertemanagement.com

@revertemanagement

Guías Harvard Business Review

En las **Guías HBR** encontrarás una gran cantidad de consejos prácticos y sencillos de expertos en la materia, además de ejemplos para que te sea muy fácil ponerlos en práctica. Estas guías realizadas por el sello editorial más fiable del mundo de los negocios, te ofrecen una solución inteligente para enfrentarte a los desafíos laborales más importantes.

Monografías

Michael D Watkins es profesor de Liderazgo y Cambio Organizacional. En los últimos 20 años ha acompañado a líderes de organizaciones en su transición a nuevos cargos. Su libro, **Los primeros 90 días**, con más de 1.500.000 de ejemplares vendidos en todo el mundo y traducido a 27 idiomas, se ha convertido en la publicación de referencia para los profesionales en procesos de transición y cambio.

Todo el mundo tiene algo que quiere cambiar. Pero el cambio es difícil. A menudo, persuadimos, presionamos y empujamos, pero nada se mueve. ¿Podría haber una mejor manera de hacerlo? Las personas que consiguen cambios exitosos saben que no se trata de presionar más, o de proporcionar más información, sino de convertirse en un catalizador.

Stretch muestra por qué todo el mundo -desde los ejecutivos a los empresarios, desde los profesionales a los padres, desde los atletas a los artistas- se desenvuelve mejor con las limitaciones; por qué la búsqueda de demasiados recursos socava nuestro trabajo y bienestar; y por qué incluso aquellos que tienen mucho se benefician de sacar el máximo provecho de poco.

¿Por qué algunas personas son más exitosas que otras? El 95% de todo lo que piensas, sientes, haces y logras es resultado del hábito. Simplificando y organizando las ideas, **Brian Tracy** ha escrito magistralmente un libro de obligada lectura sobre hábitos que asegura completamente el éxito personal.

De la mano de **Daniel Goleman** y de otros destacados investigadores, esta obra ofrece información actualizada y rigurosa sobre cómo alcanzar un mayor grado de bienestar y satisfacción personal a través de una correcta gestión de nuestras emociones.

Daniel Goleman, psicólogo y conferenciante de renombre internacional, es autor de bestsellers sobre inteligencia emocional. Está considerado como uno los pensadores más influyentes del mundo.

Referenciado como uno de los diez mejores libros sobre gestión empresarial, **Good to Great** nos ofrece todo un conjunto de directrices y paradigmas que debe adoptar cualquier empresa que pretenda diferenciarse de las demás.

Jim Collins es un reconocido estudioso especializado en qué hace que las empresas sobresalgan, y asesor socrático de líderes de los sectores empresariales y sociales.

Conoce los principios y las filosofías que guían a Bill Gates, Jeff Bezos, Ruth Bader Ginsburg, Warren Buffett, Oprah Winfrey y muchos otros personajes famosos a través de conversaciones reveladoras sobre sus vidas y sus trayectorias profesionales.

David M. Rubenstein ha hablado largo y tendido con los líderes más importantes del mundo sobre cómo han llegado a ser famosos. **Conversaciones** comparte estas entrevistas con estos personajes.

Cal Newport, nos ofrece una propuesta audaz para liberar a los trabajadores de la dictadura de la bandeja de entrada y desencadenar una nueva era de productividad.

Basándose en años de investigación, en **Un mundo sin email**, Cal Newport sostiene que nuestro enfoque actual del trabajo está equivocado y expone una serie de principios e instrucciones concretas para corregirlo.

Gallup y **Reverté Management** publican una nueva edición de su bestseller número 1. Esta edición incluye un total de 50 ideas sobre acciones específicas y personales para el desarrollo de tus talentos dominantes. Cada libro incluye un código de acceso a la evaluación en línea de CliftonStrengths.

Solicita más información en
revertemanagement@reverte.com
www.revertemanagement.com